王安石洗冤錄

孫光浩 著

臺灣學生書局 印行

自敘

一代偉大政治家，宋太傅王荊國公安石，無論政治思想，學術修爲，品德節操，于我國數千年以來歷史上，爲政者甚少能出其右也。於嘉祐年間荊公上仁宗萬言書，極欲爲北宋朝廷振敝圖強。惜乎北宋朝廷君臣，只圖苟安，不求振興之。神宗雖爲一代賢明君主，亦有圖強之意。終因積習難返，內受先朝母后從中箝制，外遭守舊權臣合力掣肘，復又因黨錮之禍。使荊公所改革之朝政，創制之熙寧新法，功虧一簣矣！荊公雄心壯志，付之東流！豈獨如此，元祐黨人特將北宋淪亡之責，科之於新法，荊公蒙受不白之冤也。南渡後，高宗爲求個人稱孤道寡，寧願捨棄半壁江山，忘卻父兄被擄之恨。於武備上指使秦檜戕害岳武穆，罷黜韓世忠等；於朝政上，將父兄亡國之恥，乃順水推舟，亦委之于新法及荊公，任由元祐黨人對新法肆意之詆詖，對荊公合力之攻訐，將冤獄而鑄成鐵案。誤導千古，後人不察，附聲而唱和之，推波助瀾，哀哉！哀哉！

元人脫脫丞相奉詔編纂宋、遼、金史，羅致南宋遺民，其中不無元祐黨人之門人或子孫滲雜其中矣。是故宋史對熙寧新法內容及荊公本傳之編輯，竭力歪曲史實，竟以元祐黨徒邵伯溫之聞見錄等爲藍本撰寫之。復以司馬光之涑水記聞，魏泰之東軒筆錄，以及南宋方勺之泊宅記，朱熹之五朝名臣言行錄、朱子語類等書籍，爲前後印證，復將鐵案鑄成歷史矣。近人胡子明氏於楚辭研究一書中云：『宋人卻偏有異說，彼此相互鈔襲，不避雷同。』以此類揑造事實而編入宋史之中成爲歷史，令後人不得不深信之。

明清兩代儒學家、史學家，均讀而不察，奉爲圭臬，撰成鉅著，令後人讀之，更陷入迷津矣。如明代柯維騏之宋史新編，茅坤之王安石本傳，陳邦瞻之宋史記事本末，唐應德之史纂左編等書籍中，其有關荊公史實，皆依宋史鈔錄或摘錄而成之。猶以清代王夫之（船山先生）之宋論：於神宗、哲宗、徽宗三篇中均作惡意之疵議，皆照宋史依樣葫蘆，鈔襲不誤也。嗣後舉凡文論或史論中，提及熙寧新法或荊公之史實時，無不稱元祐黨人爲「諸賢」，稱新法執行者爲「姦邪」，四庫全書亦同。試問：『其賢何在？其姦何有？』誠不知其所云云。猶以清人王士禎躊躇滿志，妄自尊大。對荊公及新政之史實，管窺蠡測，所知不多，竟以史實相左文字，刊於池北偶談等書之中，妄加評論，薰蕕不分，令人齒冷。唉！元祐黨人吠影，明清後人竟作吠聲之徒也。悲矣！

梁任公（啓超）於民國初年編纂國史時，蒐集歷代史籍及私家筆記，特撰著「王安石評傳」一書。對荊公贊云：「余所見宋太傅荊國王文公安石，其德量汪然若千頃之陂，其節氣嶽然若萬仞之壁；其學術集九流之粹，其文章起八代之衰。其設施事功，適應時代之要求而救其弊，其良法美意往往傳諸今日，莫之能廢。……」全篇對荊公修爲及新法精義，均有詳確闡釋。梁任公雖於自序謙言之：「非欲爲過去歷史翻一公案。」其雖謙言無翻案之意，而確有翻案之實也。

余於求學時期，不論國文或歷史課中，屢聽教師提及荊公或新法時，言及宋史於編纂之誤，取材頗有疑問，並有歪曲史實之嫌，故欲以究其竟已數十年矣！來臺後，偶于書坊中購得「臨川全集」一冊，內附梁任公之王安石評傳，蔡上翔氏荊公年譜考略。終因糊口之艱，將書塵封未啓。近年投林，始得閒暇，閱讀之後，深歎梁任公經綸滿腹及其評傳所撰之珍貴耶！於返回大陸探親之便，購得四庫全書子集單行本多冊，特假宋、元、明、清等數代稗史雜記比對之，以證宋史編纂之誤，元祐黨人之妄，及後代學者鈔、撰之謬。不揣愚昧，而輯述此冊。此冊既非創作，更非編纂，僅拾前人牙慧而已。歷代學者爲荊公辨證頗不乏之，如南宋陸九淵，明代章衮、陳汝錡。清代李紱、蔡上翔以及民國梁任公等諸公，均考證綦詳。前人治學精神令後人敬佩不已。此冊先名之爲王荊公贊，經好友議之，而改名爲「王荊公洗冤錄」。余才疏學淺，不敢妄爲一代偉大政治家荊公洗冤，僅以蒐集前代學者著述彙輯成冊，聊表寸心，以供參閱耳。

金陵 孫光浩 敘於籬下軒

中華民國八十五年雙十節

王安石洗冤錄

目錄

王安石洗冤錄

一、概說：

漁家傲：荊公新居。

積雨新晴江日吐，小橋著水煙錦樹，茅屋數間誰是主。王介甫，而今曉得青苗誤。
呂惠卿曹何足數，蘇東坡遇還相恕，千古文章鎮胏腑。長憶汝，蔣山山下南朝路。

上闋爲滿清盛時楊州文壇怪傑鄭燮悼念宋熙寧年間，太傅荊國公王安石丞相之文章道德，而撰此闋漁家傲。鄭氏爲乾隆年代進士，曾知濰縣，適濰縣苦旱，強命富戶開倉賑災救濟，因而得咎，罷官回里。其品性狷介，學識淵博，頗多承襲荊公之處。然此闋漁家傲主旨，似模糊不清，是褒是貶？讀之難於透悉。熙寧新法鄭氏已受元祐黨人所編史實之蠱惑，未能深知透解。呂惠卿、蔡京等人均爲進士及第，未必全非。司馬光、蘇軾等人所行之事，亦未必爲是。新法本是除弊圖強之振興措施，乃因黨錮之禍未竟全功。元祐黨人蓄意攻訐，以致北宋未蒙新法之利反言其害也。惜鄭氏深受元祐黨人之遺毒，反誤認青苗新法誤國，竟詖議之。特次鄭氏之韻，另塡一闋如下：

相國忠心非忘吐，蔣山淡泊幾株樹，試問蝸居堪作主。王介甫，青苗豈把朝綱誤。

蔡確呂卿何忍數，子瞻君實誰可恕，新法原是鎭臟腑。遵奉汝，南朝不走臨安路。

漢朝開國之初，北疆倍受匈奴肆虐，漢武帝勵治圖強，終滅匈奴。宋初立國亦復如是，強敵眈視，北方契丹崛起爲害甚劇，不亞於漢代匈奴之禍。然宋太祖黃袍加身，鑑於唐代藩鎭之患，乃削諸侯兵權，強榦弱枝，然國勢一蹶不振。神宗登基之日，有鑑於此，乃求振興除弊。熙寧元年即召荊公商討國事，欽旨改革，遂成新法，史稱熙寧新法。孰知當時士大夫無不掣肘，導致新法失敗。荊公罷相退隱江寧，寓居鍾山之側——蔣山。數間茅屋，一頭毛驢，幾卷殘書，安度晚年。哲宗繼位，改元元祐，宣仁皇后垂簾聽政，罷革新法。舉凡前所反對熙寧新法者，概詔當朝主事，均以詆毀新法爲首要，並竄改神宗實錄，復將神宗與荊公二人實施新法逐日記載之日錄，名爲「熙寧日錄」，付之一炬，以致後人無法知悉新法之全貌及施行經過。誠如梁任公（啓超）所撰之「王安石評傳」云：「濮議一案，以存有歐陽修原文，其是非曲直尚得略以後。而熙寧新法，以熙寧日錄被毀，後世惟見一面之詞，於是千古如長夜矣！哀哉！」（詳評傳第三章）嗣後任由元祐黨人顚倒黑白，信口雌黃，將朝政失敗之責諉之荊公一身。甚至將靖康之變，北宋之亡，妄言皆因新法而起，禍國殃民責在荊公，欲加其罪，何患無辭。荊公罷相後，朝政由曾布、章惇繼承之，而宋史竟將曾、章二人列入奸臣篇內，實爲無妄之災，受千古之害。宋史爲元代脫脫丞相雇用南宋遺民所編纂之，其皆以稗官野史抄錄而成，北宋自嘉祐以後史實均因黨錮之禍。或被歪曲；或被抹殺，或被揑造。如此史書可信邪！孰不可信邪！

宋史之編纂，偏頗極大。元脫脫丞相奉詔編修宋、金、遼史，蒙古人能識中原文化爲數不多，不得不羅致南宋遺民編纂之。因此其中不乏元祐黨人之後裔或門人，是故編纂時故意歪曲史實，攻訐荊公而褒揚元祐黨人。特將元祐黨人所撰述詆詉荊公文字，編入宋史之內，矇蔽後世，以遂攻訐荊公之奸計也。如北宋元祐黨人邵伯溫所撰「聞見錄」一書，姦毒至極。除百般攻訐荊公外，並揑造事實，而詈詬荊公之子王雱文字，竟亦編入宋史之中，足令後世之人永信不疑之。茲錄於下：

聞見錄：一日盛暑，荊公與伯淳（程顥）對語。雱者，囚首跣足，手攜婦人冠以出問荊公曰：所言何事。荊公曰：以新法數爲人所沮，與程君議。雱箕踞以坐，大言曰：梟韓琦、富弼之頭于市，則新法行矣。荊公遽曰：兒誤矣。（卷十一）

宋史：安石與程顥語。雱囚首跣足，攜婦人冠，以出問父言何事。曰：以新法數爲人所阻，故與程君議。雱大言曰：梟韓琦、富弼之頭于市，則法行矣。安石遽曰：兒誤矣。（宋史第三百二十七卷，列傳第八十六卷，王雱傳）

宋史新編：（明．柯維騏編）安石與程顥語，新法數爲人所阻。雱囚首跣足，攜婦人冠以出，大言曰：梟韓琦富弼于市，則法行矣。安石遽曰：兒誤矣。（卷一百六，列傳第四十八王雱傳。按：跣足：未著鞋赤足于地也）

史實如此編纂，宋史之可信程度，能有幾何歟？以致明清兩代學人，對史實不予深察，卻中宋史遺毒，隨聲附和，鈔襲不誤。明代柯氏之宋史新編僅依宋史鈔襲而已矣。何新編之有歟？此亦爲史學家耶！讀史不察，毫無主見，妄加評論，詆詖荊公。再如明代鎦績之霏雪錄，何良俊之何氏語林，陸深之儼山外集。清代王夫之之宋論，王士禎之分甘餘話及香祖筆記，鄭燮之宋詞漁家傲等等，不勝枚舉。上列諸公皆一代碩儒也，竟無黑白之分，是非之明，令人遺憾。茲摘錄於下：

霏雪錄：王安石一日與明道論事（程顥謝世後墓碑題爲「明道先生」，後人尊稱之）。其子雱蓬跣持婦人冠以出問曰：適論何事。安石曰：青苗法阻不行，故與伯淳計之。其子箕坐大叫曰：梟韓琦、富弼頭于市，法即行耳。此事怪甚，其子如此，安石爲人可知矣。（卷上）

儼山外集：王雱字元澤，荆公子。世傳荆公與明道論新法時，元澤囚首跣足，攜婦人冠，以出大聲曰：梟韓琦、富弼之首于市，法乃得行。其氣象舉措是一紈袴無賴子弟。（卷十五）

以上兩節撰述，顯然抄襲宋史，而非杜撰，毋庸疑義。宋史本不可信。居然抄襲充己撰述。另明代陳邦瞻之宋史記事本末記載，誠不知其所云。除將王雱一節鈔錄外，對程顥之情況，前言不對後語。依其所載，核其矛盾。足證元祐黨人之無恥。特錄之：「熙寧二年十月丙申富弼罷，遂出判亳州」。「熙寧三年二月乙酉韓琦上疏抗論青苗法，出領大名府路」。「三年四月壬午程顥等三人上疏言，新法不便，出爲京西路提點刑獄。顥辭，改僉書鎮寧軍節度判官」。以上三人，均已與新法不合而離職。詳記於卷三十七王安石變法章內，「又於同章記載：四年八月王雱爲崇政殿先書，囚首跣足，攜婦人冠，梟韓琦富弼之首一節，依聞見錄一字不漏，照抄不誤。時日、人物、事實、情節均不相符」。復於卷四十三元祐更化一卷中記載云：「神宗崩，哲宗即位，召程顥爲正寺丞，未至而卒」。宋史及宋史新編程顥本傳等，均有如此記載，並云：卒年五十四。王雱於熙寧九年謝世（公元一零七六）。哲宗即位爲元豐八年（公元一零八五），王雱死後十年。程顥尚未回京，且已「未至先卒」，何謀面之有。史書如此荒唐，貽害後世。史書誠可信否？雜記更爲荒唐！歷史罪孽也！宋史程顥本傳則記：『王安石執政，更議法令，中外皆不以爲便，言者攻之甚力。顥被旨赴中堂，安石方怒言，厲色待之。顥徐曰：天下事非一家所議，願平氣聽之。』（宋史卷四百二十七，列傳一百六十八）。如此宋史王雱本傳與程顥本傳又截然不同矣！此乃史書耶！

然元祐黨人呂希哲所撰呂氏雜記中，對王雱之學識道德卻執正直評論。按王雱，字元澤，言行正直，並有傲氣，性情敏銳。未冠即著述數萬言。於英宗治平四年中進士（時年二十四）。神宗熙寧四年爲崇政殿說書，六年爲經義修撰，受詔註詩、書義，擢天章閣侍制，遷龍圖閣直學士，以病辭不受。熙寧九年謝世。特將呂氏雜記特錄於下，以供參考之。

呂氏雜記：王荊公以經成。自吏部尚書遷左僕射門下侍郎，其子元澤雱以預修撰，亦自天章閣侍制遷龍圖閣學士，元少保厚之。絳（韓絳）時參知政事，作詩賀曰：「詔書朝下未央宮，上相新兼左相雄。一代元勳金石上，三經高義日星中。陳前輿服加桓傅，拜後金珠有魯公。東閣故人心倍喜，白頭扶病詠丞崧。」然元澤堅辭竟不拜命，依前侍制。荊公知江寧府故也。（卷下）

（按：呂希哲爲元祐黨人呂公著之子，神宗駕崩，宣仁皇后聽政，罷革新法。司馬光爲相僅有九月謝世，呂公著繼之爲相。希哲字原明，元祐爲崇政殿說書，爲人樂善好施，晚年名益重，遠近皆以師尊之。）另外宋代魏泰之東軒筆錄及江少虞之事實類苑等，亦均有記載。茲錄之：

東軒筆錄：熙寧中詔王荊公及子雱同修經義。成，加荊公左僕射兼門下侍郎，雱龍圖閣直學士，同日受命。故參政絳賀詩曰：「陳前輿馬同桓傅，拜後金珠有魯公。」

（卷十）

事實類苑：熙寧中詔王荊公及子雱同修經義。成，加荊公左僕射兼門下侍郎，雱龍圖閣直學士，同日受命。故元參政絳賀詩曰：「陳前輿服同桓傅，拜後金珠有魯公。」

（卷三十五）

按：呂希哲、魏泰、江少虞等均爲北宋末年之人士，呂氏爲哲宗元祐年間人士，魏、江二位係徽宗政和時代人氏。然所撰述文字雷同，誠不何人知蹈襲何人。猶以魏、江二位撰述內容如出一轍，僅一二字之差矣！是故宋代之雜錄，實不可信之。明清兩代文士抄襲唐宋文字亦屢見不鮮邪！後人讀之，誠令後人啼笑皆非矣！然清代蔡上翔氏所撰荊公年譜考略證實，此事全屬子虛烏有，程顥於條例司任官時，王雱並未在京師，茲錄於后：

考略：考荊公以熙寧二年二月參知政事，夏四月始行新法。八月以明道條例司官。明年五月，明道即以議論不合，外轉簽書鎮寧節度使判官。而元澤以治平四年丁未科登許安世榜進士第，明年戊申即熙寧元年也。至二年則元澤已由進士授旌德尉，遠宦江南。是明道與荊公議新政時，元澤並未在京。直至熙寧四年，召元澤除太子中允崇政殿說書，然後入京師，則明道外任已逾年矣。安得如邵氏所錄與聞明道之議政哉。……（卷十五）

又如呂惠卿一例，邵伯溫之聞見錄所記文字，宋史照抄不誤。後世竟信以爲眞也。

聞見錄：王荊公晚年於鍾山書院，多寫「福建子」三字，悔恨於呂惠卿者。恨呂惠卿所陷，悔呂惠卿所誤。（卷十二）

宋史：安石退隱金陵，往往寫「福建子」三字，深悔爲呂惠卿所誤。（第四百七十一卷，列傳二百三十，呂惠卿傳最後記載之。）

宋史新編：初安石退處金陵，往往寫「福建子」三字，深悔爲惠卿所誤。（卷一百八十六，列傳一百二十八呂惠卿傳）

即如民國初年國內編纂之各大辭典，其中不乏依宋史將「福建子」三字仍照列不誤，頗表遺憾。然終不識邵伯溫所撰寫聞見錄之依據何來，而宋代於元祐年代以前其他文獻雜錄筆記，鮮有見之。邵某於熙豐年間，尚未步入仕途，閒居洛陽，隨其父邵雍及司馬光、呂公著、富弼之側。而對荊公隱居鍾山情況，是否有寫「福建子」之舉，何能瞭如指掌耶？又撰述荊公於江寧生活起居，如歷如繪，實令人難於置信矣！且梁任公所撰「王安石評傳」之評言：邵伯溫之聞見錄、司馬光之涑水記聞、魏泰之東軒筆錄等攻訐荊公甚劇，猶以聞見錄極爲激烈。然編纂宋史者，竟將聞見錄等詆誣荊公文字，全錄於史書之中。流毒之深，貽禍後世，延續千年之久。是故則足認定編纂宋史者，確滲有元祐黨人餘孽之嫌也，意在詆誣荊公文字而永留於萬世，則深信荊公爲怙惡不悛之流。包藏禍心，奸計狠毒，令後世之人爲之咋舌！然史實並非如此，元祐黨人蓄意捏造，誤導後世。哀哉！哀哉！

明清兩代學人，對宋史讀而不察，抱殘守闕，明何良俊、鎦績、陸深等亦復如是。清代王夫之之宋論，長篇巨幅詆誣荊公，可言爲虎作倀也。鄭燮之宋詞漁家傲一闋，亦僅對荊公道德文章加以欽佩外，至於新法良窳未能瞭解之，故有微言雜於詞中矣。再言清初碩儒漁洋山人王士禎之分甘餘話、香祖筆記、古夫于亭雜錄等，不獨對新法認識不清，妄加評語，甚至迷信輪迴，既對荊公道德文章亦有詈議。此乃吠聲之流也。此皆一代碩儒，所謂學貫古今耶？固如是乎！

分甘餘話：王安石之學術爲害於世道人心如此。又按建言者，御史李彥章也。疏以詩賦爲元祐學術，其意在黃、秦、晁、張四學士，而並劾及前代陶淵明、杜子美、李太白皆貶之。尤可笑定律則何執中也。二人可謂失其本心，無恥之尤者也。（卷一）

古夫于亭雜錄：王安石之姦，文富，諸賢皆爲所欺。惟蘇、李二公耳。貴耳集所載安石初讀書鍾山，一長老謂之，先輩必做宰相，但不可念舊惡，改壞祖宗格法。則此僧識之，又在二公之先矣。又謂安石爲秦王後身，不知因果何以應爾，豈銜太宗之怨毒，必欲亂天下。雖以眞、仁、英三宗之賢，亦不能挽回耶！秦王報怨而爲安石，錢王索土而都臨安，宋欲不南渡得乎？（卷二）

按：貴耳集爲宋代張端義所撰，其云：「荊公在鍾山讀書，有一長老曰：先輩必做宰相，但不可念舊惡，改壞祖宗格法。荊公曰：一第未就，奚暇問作宰相，并壞祖宗格法，僧戲言也。老僧云：曾坐禪入定，見秦王入寺來，知先輩秦王後身也。』（卷下）依此可言，王士禎亦為文鈔公也。如此可信乎？覈張端義者，籍係鄭州，宦於龍州對荊公少年讀書何知如此之詳耶！又老僧於宋初相距百年以上，豈識秦王歟？此事荒唐至極，又何能信乎！且此段論說純為輪迴玄虛之言，誠無學術意義，何足道之歟？未識王漁洋氏官至刑部尚書，學富五車，竟信輪迴無稽之言耶！竟詆誣荊公之身。如此皆為一代碩儒未有治學主見，隨風起舞，率爾操觚，令後人齒冷矣！

南渡後，高宗為其父兄亡國之恥，將北宋淪亡之責諉於新法，並安撫元祐黨人。元祐黨人於是推波助瀾，苛責新法，更百般攻訐荊公，乃有合力表揚蘇東坡而貶荊公之舉也。試問：荊公曾經誥封荊國公，謝世後晉封舒王。司馬光封為溫國公，呂公著封為申國公，韓琦封為魏國公，韓絳封為康國公。而蘇軾昆仲及程頤昆仲等何未封侯賜爵歟？僅於死後賜謚而已矣。如若言蘇軾抗拒新法，抗拒新法者卻以司馬光為劇，然司馬光卻有爵封之。蘇軾生平對宋代功績何在？一生被貶至杭州、湖州、黃州、惠州、道州等地，奔波不停卻又為何？司馬光謝世後，蘇氏昆仲與程氏昆仲彼此水火不容，於是元祐黨人又分為洛黨以程頤為首，蜀黨以蘇軾為首。另有朔黨則以劉摯為首，彼此攻訐不休，其子孫門人繼之不輟，直至南宋滅亡而後已矣！

二、荊公生平：

荊公謝世後爲之立傳者，古今不知幾何人也。立傳之文詞，或爲諂諛之文，或爲誹謗之語，或爲謬誤之談，或爲攻訐之詞，均爲一己之偏，令人難以深信之。荊公年表業由清代金谿蔡上翔氏（元鳳）所編年譜考略問世後，極爲公正，惟尙難切實瞭解荊公之生平事蹟。於此之先，明代嘉靖進士茅坤編纂唐宋八大家文鈔，於荊公文鈔之前，依宋史王安石傳（列傳第八十六）摘錄本傳一篇，稍有簡略，稍加修正；計有一千三百餘言，除對荊公於熙寧晉陞一節顯有瑕疵，有受元祐黨人作品蠱惑之嫌，舛謬頗鉅，與史實記載不符，頗爲遺憾也。餘對熙寧新法各項，亦作簡單解釋之。於民國初年梁啓超先生（以下稱梁任公）編纂史時，撰著「王安石評傳」一冊，對荊公生平、家世等均詳確撰著。後人勿需東施效顰，再爲立傳恐畫虎不成也。另因唐宋八大家文鈔之書，書坊已不多見，茲將茅坤所摘錄本傳全文照錄於下，以饗讀者。其偏頗之處，不難知之。又明代柯維騏所編「宋史新編」，王安石傳亦係鈔錄于宋史王安石傳，幾乎一字不改，於第一百六卷中。

王安石：字介甫，臨川人。父益都，官員外郎。安石少好讀書，一過目終身不忘，屢文動筆如飛，見者皆服，其精妙橫生。曾鞏攜以示歐陽修，修爲延譽，登進士上第，簽書淮南判官。舊制秩滿，許獻文求試館職，安石獨否，再調知鄞縣，起堤堰，決陂塘，爲水陸之利。貸穀與民，立息以償，俾新陳相易，邑人便之。通判舒州，文彥博爲相，薦其恬退，尋召試館職不就。修薦爲諫官，以祖母年高辭，修以其須祿養，言於朝，用爲群牧判官。請知常州，移提點江東刑獄，入爲度支判官時，嘉祐三年也。安石果於自用，慨然有矯世變俗之志，乃上萬言書，後安石當國，其所注措大抵皆祖此書。俄直集賢院，先是安石屢辭館閣之命，士大夫謂其無意於世，恨不識其面，朝廷每欲畀以美官，惟患其不就也。明年同修起居注疏，辭至八九乃受。遂知制誥，糾察在京刑獄，自是不復辭官矣，有少年得鬥鶉，其儕求之，不與，恃與之，既輒持去，少年追殺之。開封府當此人死。安石駁曰：不與而持去是盜也，追而殺之，是捕盜也。遂劾府司失入，事下審刑。大理寺皆以府斷爲是，詔放安石罪，安石不謝。御史舉奏之，帝亦不問。以母憂去，終英宗世召不起。安石本楚士，未知名于中朝，以韓、呂二族爲巨室，欲藉以取重，乃深與韓絳，絳弟維及呂公著交，三人更稱揚之，名始盛。神宗在俅邸，維爲記室，每講說見稱，輒曰：此維之友王安石之說也。及爲太子庶子又薦自代，帝由是想見其人。甫即位，命知江寧府數月，召爲翰林學士兼侍講。熙寧元年造朝，帝問爲治所先。對曰：擇術爲先。帝曰：唐太宗如何？曰：陛下當法堯舜，何以太宗爲帝。曰：卿可謂責難於君。一日講習君臣退，帝留安石坐。曰：有欲與卿從容論議者，因言唐太宗必得魏徵，劉備必得諸葛亮，然後可以有爲，二子誠不世出之人也。安石曰：陛下誠能爲堯舜，則必有皋、夔、稷、禹。誠能爲高宗，則必有傅說。彼二子者，何足道哉。二年拜知政參事。帝謂曰：人皆不能知卿，以爲但知經術不曉世務。安石對曰：經術正所以經世務爾。帝問：卿施設何先。安石曰：變風俗，立法度，方今所急也。於是設置三司條例司，命與樞密陳升之同領之。安石令其黨呂惠卿任其事，而農田、水利、青苗、均輸、保甲、免役、市易、保馬、方田諸役，相繼並興，號爲新法。遣提舉官四十餘輩，頒行天下。青苗法者；以常平糴本散於人，戶出息二分，春散秋斂。均輸法者；以發運之職，改爲均輸，假以錢貨，凡上供之物，皆得徙貴就賤，用近易遠，預知在京倉庫所當辦者，得以便宜蓄買。保甲之法；籍民二丁取一，十家爲保，保丁授以弓弩，教以戰陣。免役之法；據家貲高下，出錢雇役，單丁女戶，原無役者，一概輸錢，謂之助役。市易之法；聽人賒貸，縣官財貨，出息二分，過期不輸者加罰錢。保馬之法；凡五路，義保願養馬者，戶一匹，以監牧見馬給之，或官與其值使自市，歲一閱其肥瘠，死病者補償。方田之法：以東西南北，若干步爲一方，歲計量其地，驗其肥瘠，定其色號，分五等，以定稅數。又有免行錢者，約京師百物諸行，利入厚薄，皆令納錢與免行户，祗應自是四方爭言農田水利，古陂廢堰，悉務興復。又令民封狀增價，以買坊場。又增茶鹽之額，又設措置河北糴便司，廣積糧穀于臨流州縣，以備饋運。由是賦斂愈重，天下騷然。云云：帝亦疑之。遂罷爲觀文殿大學士知江寧府，自禮部侍郎超九轉爲吏部尚書。始呂惠卿遭喪去，安石未知所託，得曾布信任之，亞于惠卿。及惠卿服闋，安石朝夕汲引，至是而爲參知政事，安石之再爲相也。屢謝病求去，及雱死，尤悲傷不堪，請益力，帝益厭之。罷爲鎮南節度使同平章事判江寧府，明年改集禧觀察使封舒國公。元豐三年，復拜左僕射觀文殿大學士，換特進改封荊。哲宗立，加司空未幾，辛年六十八，贈太傅。紹聖中謚曰文配享。徽宗崇寧中配食孔廟，列顏孟之次，追封舒王。楊時（人名註於下）言於欽宗，降從祀。高宗復停宗廟配享，削王封。理宗復停孔廟從祀。

附按：楊時；字中立，樂將人。熙寧進士，元祐黨人，程顥門生。高宗時官至龍圖閣學士，致力推崇洛黨之二程及朱熹等。世稱龜山先生，著有龜山集。（茅坤本傳爲明代刻版在臺原版翻印，內中原刻錯謬甚多，部份以宋史及辭典校正之。並參考清代王夫之所撰「宋論」，宋論卷六神宗一卷引用本傳敘述頗夥，亦有部份查無資料校正，未能更正恐或有之。錯謬部份如「崇寧」爲徽宗年號，謬刻爲神宗年號。吏部尚書之「吏」字，誤刻爲史字。「謚」字誤刻爲謚字。觀察使之「察」字，遺漏未刻等十餘處之多。特說明之。）

年譜考略：宋史王安石本傳·四庫全書目錄曰：宋史元托克托等撰，大旨在於表章道學。其餘皆姑以備數，故疏舛蕪漫，僕數難窮。又宋趙彥衛雲麓漫抄曰：近日行狀、墓志、家傳，多出於門人故吏之手，往往失實，人多喜之，卒與正史不合。考略曰：安石史傳採之私書甚多，而未有一字出於門人故吏之手。即其所見稱於當世大賢者，本傳亦不存一字。即今名臣言行錄所載，出於邵氏聞見錄、司馬涑水記聞諸書。可考知者，略著於篇中，使後覽者知有所自來云。（卷首一）

本傳部份論述，自相矛盾，頗有疑竇。即言「荊公屢辭館閣之職，朝廷每欲賜以美官，惟患其不就也。」歐陽修、文彥博二位均爲朝廷重臣，每以提攜，皆藉故辭之，爲何反求韓氏兄弟及呂公著等爲其說項乎？如是有悖情WZ矣！況韓氏兄弟等尚未官居要津，何能爲之說項，豈非本末倒置矣。此節於宋史王安石本傳雖有撰述之。而宋論神宗一章中則未見引述。其他史籍亦未見有記載，元祐黨人之雜錄筆記更未見之，故難使人深信矣。呂希哲之呂氏雜記則云荊公喬梓二人同日右遷皆拜辭不受也（前段已記）。又云：「賦斂愈重，天下騷然，帝亦疑之。」按神宗在位從未罷革新法，罷革新法者乃爲神宗駕崩之後，高后罷革之。復又云：「徙貴就賤，用近易遠。」等等詞句，顯然茅坤或多或少亦受元祐黨人蠱惑之。若依紹聖進士葉夢得之石林燕語及避暑錄話等所言：神宗爲求勵治圖強，而以韓維宣召荊公，並非韓維爲荊公說項也。特將石林燕語及避暑錄話等錄於下：

石林燕語：神宗初即位，猶未見群臣，王樂道、韓持國維等以官僚先入，慰於殿西廊。既退，獨留維問王安石今在何處，維對在金陵。上曰：朕召之肯來乎？維言：安石蓋有志經世，非甘老於山林者，若陛下以禮致之，安得不來。上曰：卿可先作書與安石道，朕此意行即召矣。維曰：若是安石必不來。上問何故？曰：安石平日每欲以道進退，若陛下始欲用之，而先使人以私書道意，安肯遽就。然安石子雱現在京師，數來臣家，當自以陛下意語之，彼必能達。上曰：善。於是知上待遇眷隆之意。（卷七）

避暑錄話：王荆公初未識歐陽文忠公，曾子固力薦之，公願得游其門，而荆公終不肯自通。至和初，遂有「翰林風月三千首，吏部文章二百年。」之句。然荆公猶以爲非知己也。故酬之曰：「他日儻能窺孟子。此身安敢望韓公。」自期以孟子處，公以爲韓愈，公亦不以爲歉。及在政府薦爲相者，三人同一劄子，呂司空晦叔、司馬溫公與王荆公也。呂申公本嫉公爲范文正黨，滁州之謫實爲力。溫公議濮廟不同力排公，而佐呂獻可。荆公又以經術自任，而不從公。然公于晦叔則忘其嫌隙，于溫公則忘其議論，于荆公則忘其學術，不如是安能眞見三人爲宰相耶！世不高公能薦人，而服其能知人。苟一毫有蔽于中，亦不能知也。（卷上）

茅坤所摘本傳云：荆公爲相係受韓絳昆仲及呂公著等人之引薦，此點係本傳一篇中最大敗筆，可依呂希哲之呂氏雜記及葉夢得之石林燕語而否定之。呂氏、葉氏二人均爲哲宗時人，僅晚荆公十數年而已，其所撰事蹟較爲眞實可信，況呂氏、葉氏均爲元祐黨人矣。而茅坤爲明代嘉靖時人。（荆公在世係公元一零二一至一零八六，茅坤係一五一二至一六零一）相距五百年之久，其可信程度自較低矣。新法肇始依石林燕語及茅坤本傳等云：乃爲神宗旨諳而制定之。宋初立國政策強榦弱枝，國勢不振，神宗深信荆公，實因荆公上仁宗萬言書而起，亟欲振興大宋山河，遂命荊公爲相，創制新法圖強。神宗在位之年，均施不輟。奈何神宗駕崩後，宣仁皇后垂簾聽政，而盡革新法。司馬光、呂公著、富弼、蘇軾、程頤等得勢，元祐黨人合力詆毀新法，衆口鑠金，聚蚊成雷，以致後世咸以新法爲禍國殃民之法也，一切罪孽均加之荊公之一身矣。此乃爲宋史所造之孽而延及後世也。

北宋嘉祐年起，黨錮之禍，日烈一日。先有范呂之爭（范仲淹與呂夷簡，范敗而被貶）。繼有濮議之爭（呂晦、范純仁與歐陽修、韓琦等，歐陽修甚至被誣有盜甥之嫌，凡對濮議有異議者，悉數被貶之）。續爲新法之爭，新法本爲奉神宗聖旨行之，然朝中百官無不掣肘詆毀，神宗又無承擔之能，鎮壓群臣，強力施行。復以荊公性情擇善固執，鮮有融通，以失人和。即如神宗屢召不就，此爲人臣之禮乎？新法雖好，徒法不足以自行，樹敵過多，輔弼無人，導之滿朝文武群起對立而攻訐之。是故新法不展，荊公終於功敗垂成，罷相廢然返回江寧，以度餘年。荊公新法未展，彪炳勳業，功虧一簣，令今世之人扼腕歎惜之！荊公道德文章，古今能有幾人，世人終求館職之命。留以京師，天子腳下，以求榮宗耀祖，飛黃騰達。獨荊公不念爵位，固守外疆，樂群敬業，爲民造福，不負皇恩，不愧俸祿。然神宗之與荊公，猶如商湯之與伊尹，齊桓之與管仲。本傳云：神宗亦曰，唐太宗之與魏徵，劉備之與諸葛亮。神宗視荊公爲股肱之臣，屢次召之，荊公堅辭，此非抗命，實乃忤旨耶！神宗非但不究，更委於重任。新法不展，未竟功業，時耶！命耶！神宗奈何！荊公復又奈何歟！罷相後，復加封舒國公，又改封荊國公等高爵，不爲不厚矣，君之於臣也！據宋代韓淲之澗泉日記中云：『神宗之有介甫，壽皇之有德遠，惜乎不能副其委注。……』梁任公爲荊公及新法所撰之評傳，長達數十萬言之鉅，對荊公生平事略，道德文章及新法，均有精辟之撰述，猶對新法之功效，臚列綦詳，讚譽倍至，更無一句諂諛之詞。並例舉各項史實文獻以證之。特錄評傳梁任公之自序於下：

評傳自序：自余初知學，即膺服王荊公。欲爲其作傳，也有年未克就矣。頃修國史，欲考熙豐新法之眞相，窮極其原因結果，鑑其利害得失，以爲視來視往之資。……（取材部份略之。）而流俗詆諆荊公，污衊荊公者，蓋無以異於斥鷃之笑鵬，蚍蜉之撼樹也。不揣寡陋，奮筆成此篇，非欲爲過去歷史翻一公案，凡以示偉人之模範，庶百世之下，有聞而興者乎。則區區搜討之勤，爲不虛也。

附按：知制誥：翰林學士官，謂之內制；掌理皇帝及大內各項文典，如冊文、表本、祝文、齋文等等。

例：郊祀昊天上帝冊文：

伏以眷命作邦，百年於此，蒙休承福。外内用寧，施及沖人。嗣膺歷服，燎禋有典，稱秩惟時。（臨川全集卷四十五）

中書舍人：謂之外制；掌理百官制令等。如詔命、制誥等等。

例：翰林學士知制貢黯轉官加勳邑制：

敕。朕初即位，奉行先帝故事，不敢有廢也。具官某剛毅篤實，閎深博敏，先帝所遺以論思左右者也。其遷厥位，加賜恩典，其往欽哉。可。

（臨川全集卷四十九）

（以上亦稱爲兩制。）

群牧判官：州府地方之屬官，管理行政事務。

度支判官：州府地方之屬官，管理財政收支事務。猶如今日主計出納之職。

（荊公本傳及熙寧新法請閱梁任公之王安石評傳。評傳摘錄於第十一，請參閱。）

三、新法與熙寧日錄：

荊公創始新法之肇端，誠如上節葉夢得之石林燕語及茅坤之本傳所言。神宗登基之初，鑑於國勢日衰，竭力圖強奮發，乃欲效漢武帝之壯志，遂有變法維新之舉。獨召荊公振興強國之道。如是荊公創始新法，以報知遇之恩。竭盡所能，振興國勢，以禦北方強寇——契丹。奈何滿朝百官苟安成習，畏契丹如畏狼虎，故不欲國勢強盛而肇戰端。更嫉荊公創制新法，一旦熙寧新法施行而強國，彪炳功業，則非荊公一人莫屬，何顏立於朝廷復愧對歷史，此乃私利作祟也。故非獨不與共相扶持，反而掣肘，新法雖好，神宗苟如仁宗對荊公之「萬言書」，拒而不用，如此亦無新法之爭也，荊公亦不致此萬世不白之冤也。

新法實施之初，神宗、荊公君臣二人未有萬全妥善準備。公告天下，以使庶民深知新法之利。詔令群臣，曉諭大義，通力合作，以竟全功。惜乎！神宗操之過急，卻未掌握群臣，又無生殺果斷之威，任由黨錮恣意爲禍，導至新法失敗，爲之奈何！果如漢武帝爲滅匈奴，不惜將李陵滅門，太史公司馬遷施予宮刑，不容有所疵議，以滅匈奴而後已。新法失敗，責在神宗，而非荊公，神宗失之威嚴魄力耳！神宗空有漢武帝之弘志委於荊公創制新法，卻無漢武帝之威嚴與毅力，新法亦就人亡政息之，令後人爲之扼腕矣！然元祐黨人以及後世卻將新法失敗之責科之於荊公，實有欠公允矣。此亦爲封建專制之罪孽也。如宋高宗趙構欲求南面稱孤道寡，竟不惜背棄父兄，喪失疆土，責令秦檜妄殺岳武穆，歷史罪名卻令秦檜一人背負之，何有公理可言耳！如宋代王明清之玉照新志所記一則而言，若秦檜主和，非欲殺岳武穆不可，何不斬草除根歟？足見主謀爲高宗也，詆詖荊公，爲其父兄卸責，並欲南面而坐，豈不是高宗之旨意也。茲錄玉照新志於后：

玉照新志：秦檜既殺岳氏父子，其子孫皆徙重湖閩嶺，日賑錢米，以活其命。紹興有知漳州者建言：叛逆之後不應留，乞絕其所急使盡殘年。秦得其牘令札付岳氏而已。士大夫爲官爵所鉤用心至是，可謂狗彘不食其餘矣。……（卷六）

荊公新法之冤，復如此耶！封建專制流毒，爲之奈何，荊公以致抱屈千餘年矣。曾國藩有言：「宋大夫責君子嚴，責小人寬。」元祐黨人百般詆毀新法，志在爭權奪利。如是君子乎？小人乎？神宗有振興圖強之志，君子乎？小人乎？荊公奉旨創制新法，君子乎？小人乎？曾國藩之言亦爲一己之偏也。新法立論與精神，是耶非耶？公道自在人心，後世之人亦有公正評論之。即如今日東亞諸國，採用熙寧新法者，頗不乏之。東鄰日本所設「勸業銀行」之性質，乃爲青苗法之原則也。其不僅限於農業，且擴及工商業。韓國亦復是。今日臺灣，採用新法諸項措施極多。如市易法；商業銀行之購物貸款。保甲法即是里鄰編組地方自治之制度也。惟徵召兵役未有硬性規定二丁抽一，然兵籍資料亦係依據戶籍資料出自里鄰編組之制度也。新法創制千年以後而造福後世，其謬誤何有之，令人不解？清雍正時廣西舉人陸生柟所撰通鑑論，詆詖荊公及新法之不是，清世宗則逐條駁之，所駁之言，殊有見地，令人折服，茲錄於下：

通鑑論：

論荊公云：賢才盡屏，諸謀盡廢，而已不以爲非，人主亦不知人之非，則並聖賢之作用氣象而不知。

又論云：篤恭而天下平之言，彼固未之見，知天知人之言，彼亦未聞之也。人無聖學，能文章，不安平庸，鮮不爲安石者。

世宗駁之日：安石之誤國，在於不引其君於當道，非謂知天知人。惟有端居深拱，靜默無爲。篤恭於無聲無臭之表，而遂可使天下平也。故夫篤恭而天下平者，正由敬信勤威之道，而極言其效如此，非百務盡隳，上下睽絕，而後可爲治也。其文詞議論，

險怪背謬，無理之甚。（東華錄雍正篇卷五）

世宗之駁，義正辭嚴，痛快淋漓。詈其文詞議論，險怪背謬，無理之極。世宗之論，爲政之道在於「敬信勤威」四字。然荆公處事不爲不勤，何不篤恭之矣。神宗無威懦弱，朝綱廢弛，群臣各有己見，不克和衷共濟，共襄新法盛舉。荆公因掣肘衆，新法不展，而退居金陵。苟若商鞅之於秦孝公，樹立威信二字，雖失之太嚴，然秦自此強盛雄併天下也。故世宗之論，極爲中肯。端居深拱，靜默無爲，非爲人臣相國之道，應導神宗於當道，威嚴以治新法也。更無百務盡隳，上下睽絕，而後可爲，主政誠非如此是耶，需力排艱困而爲之。豈可退居金陵一走了之矣。然荆公何嘗未有如此感歎，惟其爲人臣者，不敢對君王有所訾議耳。如呂氏雜記所載荆公詠商鞅詩及宋代羅大經所撰鶴林玉露之感歎，似有難言之苦也。亦足以證之。

呂氏雜記：（詠商鞅詩）「……自古驅民在信誠，一言爲重百金輕。國人未可非商鞅，商鞅能令必能行。……」（卷下）

鶴林玉露：王荊公論末世風俗云：賢者不得行禮，不肖者得行無禮。賤者不得行禮，貴者得行無禮，其論精矣。嗟夫！荊公生於本朝極盛之時，猶有此歎，況愈降愈下矣！（卷九）

荊公實爲治世之臣，神宗恐非威嚴英明之主，故荊公有志難展。而荊公退居金陵，亦恐純非爲元祐黨人掣肘與杯葛之故，神宗作風是否鄉愿，未嘗不無疑問，値得考證。荊公退金陵是否爲求明哲保身，至金陵後神宗加封爵位犒賞黃金等等，箇中原委實不無探討之必要也。至於母后操權之事，容後再予探討之。

熙寧日錄爲熙寧元年於實施新法之始，神宗與荊公君臣之間，每日對新法研議、商討及施行狀況等，乃由荊公逐日逐項紀錄之。是故熙寧日錄爲新法策定研發執行經過之完整記載也。雖然荊公罷相後，元祐黨人爲攻訐新法禍國殃民，不使新法有所憑藉及後世之參考，於元祐年間特予竄改之。南宋之時元祐黨人范沖，更不惜將此歷史寶典，付之一炬，以致新法實經及失敗責任，無從考證亦無從辯白矣。任由元祐黨人片面之詞，指姦爲姦，指盜爲盜。焚燬之時，並將蔡卞所改神宗實錄朱墨本，一併焚燬之，居心不爲不狠毒！其目的爲恐新法實施經過，元祐黨人居中掣肘詆詖事項記載於日錄之中，爲掩飾罪惡避免歷史責罰故特湮滅之。因此焚燬日錄亦即銷滅罪證又可逍遙於歷史制裁之外矣。並導致南宋文丑對新法之扭曲污衊，對荊公之恣意誹謗，釀成歷史最大冤獄也。元祐黨人如何破壞新法，時至千年無人知之。明清兩代人士僅見片面之詞，信以爲眞，亦就吠聲吠影也。誠如梁任公評傳所言：「熙寧日錄被焚，後世惟見一面之詞，於是千古乃長夜矣！哀哉！」當時：司馬光之涑水記聞，魏泰之東軒筆錄，邵伯溫之聞見錄等面世，相繼攻訐，影響後世極鉅。更以邵伯溫之聞見錄無不揑造事實而攻訐之。

涑水記聞自卷十四至十六均爲記載熙寧年代之事項，猶以卷十六全卷皆爲詆詖荊公之文字。司馬光爲一代碩儒，苟爲其親筆撰之，若如此，行徑有欠光明磊落，況爲多年同儕好友矣。茲摘錄卷十六中四節於下：

涑水記聞：

向來執政弄權者，雖潛因喜怒作威福，猶不敢亂資序，廢赦令。王介甫引用新進資淺者，多以官司爲己盡力，則因而擢進，或小有忤意，則奪其官而斥。或無功，或無過，則暗計資考其常格，然後遷官。呂吉甫（惠卿）弟升卿新及第爲眞定府觀察官。

……

介甫用事，坐違忤，斥逐者，屢經赦令不復舊職。如李大臨、蘇頌、封還、李定詞等奪職外補，雖經三赦，大臨纔侍制，頌不得秘書監。……

介甫請京師行陝西所鑄折二錢。既而宗室及諸軍不樂，有怨言。上聞之，以問介甫欲罷之。介甫怒曰：朝廷每舉一事，定爲浮言所移，如此何事可爲。……

熙寧六年十一月，吏有不附新法，介甫欲深罪之，上不可，介甫故爭之曰：不然法不行。……

按：第一節係影射蘇轍：蘇轍新及第，荊公初設置條例司，首擢轍爲檢詳文字。荊公之特拔小臣自轍始，轍受其兄之影響，而不附新法。出爲河南推官。（詳梁任公之王安石第十八章）

上僅錄四節，其記載除對新法有疵議外，並對荊公有所詆誣之。影射荊公爲殘暴桀傲，不知深仁厚澤，體恤庶民；不識朝廷禮儀，忤逆君王。其用心足令後人歎息之！涑水記聞一書，經四庫全書提要考證云：『司馬光熙寧在朝所記，凡朝廷政事，臣僚遷除及前後奏對，上所宣諭之語，以及聞見雜事皆記之。起於熙寧元年正月至三年十月出知永興而至。此卷雖皆熙寧之事，然無奏對宣諭之語，且記至熙寧十年，與止於三年不符。』四庫全書提要業對記聞卷十六列有疑問及瑕疵？然其瑕疵可能有三：一或爲熙寧三年以後之記事各項，非出司馬光之手筆，亦即是他人僞作。二或爲司馬光道聽途說而記之。三則是司馬光自行揑造之。瑕疵原因應不出於上三項之假定耳，然此假定又爲朱熹否定之（朱子語類記載之，錄於下）。然記聞中他卷亦雜有詆詖荊公之記載。復閱司馬光與荊公三書之中，一昧反對新法。文詞犀利尖銳，咄咄逼人，並無二致。詆詖文字，躍於紙上。特將三書中各摘錄之，玆附錄於后：

朱子語類：涑水記聞，呂家子弟力辨，以爲非溫公書（蓋其中有記呂文靖公數事，如殺郭后）某嘗見范太史公之孫某說，親收得溫公手寫稿本，安得非溫公書。某編八朝言行錄，呂伯恭兄弟亦來辨，爲子孫者，只得分雪。然必欲天下之人從己，則不能也。

（卷一百三十）

第一書：……竊聞介甫不相識察，頗督過之，上書自辯；至使天子自爲手詔以遜謝，又使呂學士再三諭意，然後乃出視事。出視事，誠是也。然當速改前令之非者，以慰安士民，報天子之盛德。今則不然，更加忿怒，行之愈急，李正言青苗錢不便，詰責使之分析。呂司封傳語祥符知縣，未散青苗錢，劾奏，乞行其勘。觀介甫之意，必欲力戰天下之人，與之一決勝負，不復顧禮義之是非，生民之憂樂，國家之安危。光竊爲介甫不取也。

第二書：光雖未甚曉孟子，至於義利之說，殊爲明白。介甫或更有他解，亦恐似用心太過也。……光所言者，乃在數年之後，常平法既壞，內藏庫又空，百姓家家於常賦之外，更增息錢役錢；又言利者，見前人以聚斂得好官，後來者必競生新意，以朘民之膏澤，日甚一日；民產既竭，小值水旱，則光所言者，介甫親見之，知其不爲過論也。

第三書：介甫所謂先王之政者，豈非泉府賒貸之事乎？竊觀其意，似與今日散青苗錢之意異也。且先王之善政多矣，顧以此獨爲先務乎？今之散青苗錢者，無問民之貧富，願與不願，強抑與之，歲收其什四之息，謂之不征利，光不信也。

（以上三書：錄自唐宋十大家書牘——德志出版社）

東軒筆錄爲宋魏泰撰，魏氏爲曾布之妻弟，故對曾布、章惇等未有訾詬之語也。據四庫全書提要考證云：『桐江詩話載其試院中，因上請忿爭，毆主文幾死，坐是不得取。……王銍跋范仲淹墓誌，稱其場屋不得志，喜僞作他人著書；如志怪集、括異志、倦遊錄盡假名武人張師正之名。又不能自抑作東軒筆錄，用私喜怒誣衊前人。最後作碧雲騢，假作梅堯臣毀及范仲淹、晁公武。讀書志稱其元祐中，記少時所聞成此書，是非多不可信。心喜章惇數稱其長，則大概已可見。又摘王曾登科甲，劉輋爲翰林學士相戲事，歲月差舛相去幾十年。魏泰所書宋人爲不詆諆之，而流傳至今，自報其恩怨也。』四庫全書提要業已批明，其可信度不言而喻矣。茲特錄兩節以供參考之：

東軒筆錄：

王荆公安石當國，以徭役害民。而游手無所事，故率農人，出錢募游手，給役則農役，異業兩不相妨，行之數年。（卷四）

王荆公再爲相，承黨人之後，平日肘腋盡去，而在者已不可信，可信者，又才不足以任事。平日惟與其子雱機謀。而雱又死，知道之難行也。於是慨然復求罷去，遂以使相再鎭金陵。（卷五）

一代歷史名相，竟遭元祐黨人百般污辱。司馬光等均爲碩儒之流也，僅以私怨竟然等而下之，撰述不實文字而攻訐當朝宰相，可忍乎孰不可忍乎？此類攻訐詆詖性文字，涑水記聞、東軒筆錄僅是小巫而已。未若邵伯溫之「聞見錄」也。聞見錄全篇之中文字無不爲之揑造。如此：荊公不奸亦奸矣！不盜亦盜矣！誠所謂刀槍殺人一時，文字殺人則留千古耶！此言不虛矣。雖因熙寧日錄被焚，任由元祐黨人片面之詞，使之無可對證。然宋代周煇清波別志及岳珂之桯史（岳武穆之孫，岳霖之子。）對熙寧日錄被焚事，則有公正評語。錄於下：

清波別志：翰林學士曾布言：此奉詔重行修定神宗皇帝實錄，臣竊覩實錄所載事蹟，於去取之際，誠有所偏。如時政記，記當時執政所共編修，往往不以爲信。至司馬光記事及雜錄，多得賓客或道路傳聞間，悉以爲實，鮮不收載。聞王安石秉政日，凡所奏對議論，日有紀錄，皆安石手自書。寫一時君臣咨諏。反復之語，請降旨下本，家取索投，進付本參合對照編修。庶一代信史，竄易數四，猶不失事實之語，其然乎？

（卷二）

程史：

王荊公相熙寧，神祖虛心以聽荊公。自以遭遇不世之主，盡展底蘊，欲成致君之業。顧謂君臣不堯舜，世不出三代不止也。然非常之云，諸老力爭紛紜之議，殆遍天下文之不能堪。又幸其事之集始，盡廢老成，務汲引新進，大更弊法，而時事斬然一新。至於元豐，上已漸悔，罷政至鍾山，不復再召十年。其後元祐群賢迭起，不推原遺弓之本意，急於民瘼，無復周防，激成黨錮之禍可爲太息。……（卷十一）

日錄一書，本熙寧間荊公奏對之辭，私所錄記。紹聖以後，稍尊其說。……（本節後論哲宗於宣仁皇太后薨後，改元紹聖，再施新法。原文過長，略之。卷十一）

熙寧年間，新法自施行之日起，神宗與荊公君臣之間，奏對、咨議、詔制、實施。均由荊公親筆記之。日錄一焚，眞相盡失。新法實施經過後人則無法知悉其原貌也。程史雖敘述綦詳，其云：於元祐群賢迭起，不推原遺弓之本意，後造成黨錮之禍。等語。此亦僅言及新法罷革而已，對新法施行經過之良窳，亦無法敘述之，後世之人又何能知悉矣！清波別志云：神宗實錄復經蔡卞重編修前，已被竄之再四，豈有不失其原史之理乎？清波雜志（別志爲雜志續集）經四庫全書提要考證云：「……方回桐江續集力詆其尊王安石之非，考書中稱煇之曾祖與安石爲中表，蓋親串之間不無回護。猶之王明清揮塵諸錄，曲爲曾布解耳，知其私意所在，則可以此盡廢其書。……』苟如方回之言，疑問頗多。按周煇自稱爲淮海人，於高宗紹興時寓居錢塘。四庫全書云：其爲北宋周邦彥之子。依兩浙名賢錄言，其祖曾居錢塘後洋街等語。而周邦彥亦爲錢塘人氏，於元豐時官爲大樂正，與荊公有親串之情，於籍貫、於年歲均難符合之。再言方回：理宗景定進士，初媚賈似道，似道敗，又先劾之。及守嚴州，元兵至率城迎降之。其言親串之語，不識其依據何來，可信乎孰不可信乎？況四庫全書亦云：「又爲門戶之見也」。

四、荊公撰著與字說：

荊公之撰著經書等記載有四，一曰「唐百家詩選」，一曰「臨川全集」，一曰「周官新義」。另一件爲「字說」，現已不存於世，被元祐黨人焚燬之矣。

唐百家詩選於清康熙四十六年御定「全唐詩」時，經編纂納入其中。全唐詩共選有二千二百餘家，計有四萬八千餘首。是故唐百家詩選僅爲蒐集，唐代少數非名家吟詠作者罕見詩品精華，因全唐詩面世而已失去藏書之價值，是故書坊已不復見矣，幾成絕版也。荊公編纂唐百家詩選其原意乃欲將罕見珍品，留於後世，用心頗爲良苦矣。何有良窳可言，又何有可疵議之處耶，然元祐黨人，仍揑造文字刻意詆誣之。南宋邵博復又於「聞見後錄」中誹謗之，周煇之清波雜志亦復刊之，相互抄襲。元祐黨人之作爲，實不敢恭維也。令人歎息。茲錄於下：

聞見後錄：晁以道（說之）言：王荊公與宋次道（敏求）同爲群牧判官。次道家多藏唐人詩集，荊公盡即其本擇善者，籤帖其上，令吏鈔之。吏厭書字多，輒移荊公長詩籤。置所不取小詩上，荊公忽略不復更視，唐人眾詩集，以經荊公去取皆廢。今世謂

唐人百家詩選曰：荊公定者，乃群牧司吏人定也。（卷十九）

清波雜志：王荊公與宋次道同爲三司判官時，次道出其家藏唐詩百餘篇，託荊公選其佳者。荊公乃簽出俾吏抄錄。吏每遇長篇字多，倦于筆力，隨手刪去，荊公醇德不疑其欺也。今世所傳本，乃群牧吏所刪者。……（卷八）

按：荊公所編之唐百家詩選共二十卷。選有唐玄宗二首、德宗一首，次爲薛稷、韓渥等一百七十家，共一千二百六十二首，現僅於四庫全書集部總集類存之。序次依作者年代排列，其取捨標準與一般詩集顯有不同，唐代名家如李白、杜甫等皆未選錄也。聞見後錄所云實不可信，荊公與宋敏求二位依史籍記載，確同爲三司判官，宋氏家中藏書頗豐，荊公編纂詩集，而假吏人之手謄寫等等均非無不可，此亦爲官場中之陋習也。若依荊公個性而不校讎，則爲笑談，難於置信之。至於晁以道爲蘇門四學士晁補之同宗兄弟，元豐進士，慕司馬光爲人，蘇軾以其著述科薦之。後以元祐黨人而被斥，與邵博之父邵伯溫同年代之人，邵博於聞見後錄中言明出處爲晁以道所云：「乃群牧司吏人定也。」眞爲無稽之言也，三尺之童亦未必信之。此段文字偏差不言而喻矣。邵氏、晁氏等均爲元祐黨人，蜚短流長本爲元祐黨人之慣技，然此段文字則不知出自二位何人之手筆也。至於周所言：「今之傳本，乃群牧吏所刪者」。荊公當時官職仍爲三司判官，不識所指「群牧吏」又爲何人也。抄襲不先校之，荒唐。此說均爲無稽之論也。按四庫全書提要對百家詩選考證綦詳，並錄有荊公之原序及南宋孝宗乾道年倪仲傳之序等，茲摘錄於下：

提要：唐百家詩選二十卷。舊本題宋王安石編，其去取絕不可解。自宋以來，疑之者不一曲爲解者，亦不一然，大抵指爲安石。惟晁公武讀書志云：唐百家詩選二十卷，皇朝宋敏求次道編。次道爲三司判官，嘗取其家所藏唐人一百八家詩選，擇其佳者，凡一千二百四十六首爲一編。王介甫觀之，因再有所去取，且題云：欲觀唐詩者，觀此足矣。世遂以爲介甫所纂，其說與諸家特異。按讀書志作於南宋之初，去安石未遠，又晁氏自元祐以來，舊家文獻緒論，相承其言，必當自有。邵博聞見後錄引晁說之之言；謂王荊公與宋次道同爲群牧司判官，次道家多唐人詩集，荊公盡即其本，擇善者籤帖其上，令吏抄之。吏厭書字多輒移所取長詩籤，置所不取小詩上，荊公性忽略，不復更視。今世所謂唐百家詩選曰：荊公定者，乃群牧司吏人定也。其說與公武，又異然說之，果有此說，不應公武反不知。……

荊公唐百家詩選原序：余與宋次道同爲三司判官時，次道出其家藏唐詩百餘編，諉余擇其精者。次道因名曰：百家詩選。廢日力於此，良可悔也。雖然欲知唐詩者，觀此足矣。

倪序：……丞相荊國公銓擇之，意有所授於後人也。雅德君子儻於三冬，餘暇玩索。唐世作者，用心則發，而爲篇章。殆見游刃餘地，運斤成風矣。（乾道乙丑四月望丑日）

按：邵博及周煇二位所言：長詩、小詩一節。與百家詩選中所錄之詩，顯有不符。所錄古詩或樂府在百字以上者，爲數極多，然律詩、絕句爲數反少，至於五絕更少之又少。如卷二、卷三錄刊高適作品共七十二首：二百字以上爲七首，一百字以上爲三十四首，一百字以下爲十七首，七律僅十四首。卷十二：楊巨源共四十六首：上劉侍中一首爲三百餘字，而七律僅一首。卷十四：李涉共三十七首：寄河陽從事楊潛及寄唐知言等兩首，均在三百字以上，餘皆爲百字左右。卷十五：盧仝共十四首，其中「月蝕詩」一首，竟一千七百餘字。全篇在百字以上者，比比皆是，佔全書十有七八。由此可證元祐黨人之卑劣也。

荊公治學，不獨鄭重，且爲謹嚴。應用一字，不斷推敲，宋代洪邁之容齋續筆，例舉荊公所作絕句云：

京口瓜州一水間，　鍾山祗隔數重山。
春風又綠江南岸，　明月何時照我還。

吳中士人家藏其草，初云：春風又到江南岸。圈去「到」字，注曰：不好，改爲「過」。復圈去，而改爲「入」字，旋己「滿」字。凡如十字，始定爲「綠」字。（卷八，詩詞改字）

荊公僅爲一首七絕，而如此推敲，其編纂唐百家詩選，而不校讎，任由「群牧司吏人定之」，草率編纂詩集，何人可能信之耶！聞見後錄及清波雜志等記載此節文字，使後人閱之，足可噴飯矣！

蓋編纂書集，並非著述與考據，尤以收輯前人之作品，其取捨標準，見仁見智，自有不同。荊公編纂「唐百家詩選」主旨在於擷取唐代罕見珍品，留之於後世。非如盛唐李、杜作品俯拾皆是，特未予收集，豈可以爲非也。清代王士禎於其「香祖筆記」中，對荊公未將唐初名家沈佺期等作品列入之，竟起疵議，何以言之也。王氏因得意於清廷甚早，並著有漁洋詩話等，自認對詩造詣殊深，妄自爲大，躊躇滿志，過於主觀，令後人莞爾也。王氏並言之：「與予前論暗合，若符節益信予所見非謬，然予實不記憶滄浪先生有此論也。」此言非也，實乃鈔襲嚴羽之滄浪詩話，僅略加修改數字而已。茲均錄於后，以供參考：

香祖筆記：嚴滄浪云：王荊公百家詩選，本於唐人英靈間氣集。其初明皇、德宗、薛稷、劉希夷、韋述之流，無少增損，次序亦同。儲光義而下，方是荊公自去取於大歷以後，其去取深不滿人意。況如沈、宋、王、楊、盧、駱、陳拾遺、張燕公、張曲江、王右丞、賈至、韋應物、孫逖、劉愼虛、綦毋潛、劉長卿，李賀諸公皆大名家，而集皆無之。其序乃言，觀唐詩者，觀此足矣，豈不誣哉。今人，但以荊公所選，斂衽而莫敢議，可歎也。與予前論暗合，若符節益信予所見非謬，然予實不記憶滄浪先生有此論也。（卷六）

滄浪詩話：王荊公百家詩選，蓋本于唐人英靈間氣集。其初明皇、德宗、薛稷、劉希夷、韋述之詩，無少增損，次序亦同。孟浩然止，增其數儲光義。後方是荆公自去取前卷，讀之盡佳。非其選擇之精，蓋盛唐人詩無不可觀者。至於大歷以後，其去取深不滿人意。沉唐人如沈、宋、王、楊、盧、駱、陳拾遺、張燕公、張曲江、賈至、王維、獨孤及韋應物、孫逖、祖詠、劉愼虛、綦毋潛、劉長卿、李長吉諸公，皆大名家。李、杜、韓、柳四家有其集故不載，而此集無之。荆公當時所選，當據宋次道所有耳，其序乃言：觀唐詩者，觀此足矣，豈不誣哉！今人，但以荆公所選，歛衽而莫敢議，可歎也。（僅一卷於詩證節內。）

按：香祖筆記所記：沈（沈佺期）、宋（宋之問）、王（王勃）、楊（楊炯）、盧（盧照鄰）、駱（駱賓王）、陳拾遺（陳子昂，武后朝任右拾遺）、張燕公（張說，封燕國公）、張曲江（張九齡，曲江人）、王右丞（王維，官至尙書右丞）。（賈至：史籍無資料），以上均爲唐代名家。王士禎所論頗令後世難予苟同，荊公編選主旨，乃欲將罕見珍品公諸於後世，並非錦上添花頌揚名家也。而王士禎未能瞭解荊公之風骨，僅知諂諛高官貴爵成名之士，對「沈佺期等大名家而集中皆無之」，「深不滿人意」，只重作者之名而不識罕世珍品流傳之重要，誠可悲也。對唐玄宗、德宗與薛稷等，同列爲「一般之流」，而對康熙皇帝則高呼「萬歲老佛爺」，可恥！可憎！復對其所作言論不敢公然面世，而假「嚴滄波」之名，言與之「暗合」，頗有縮頭縮尾之龜態，實乃文鈔公也。可恥！

按：嚴羽，宋邵武人，一字丹丘，自號滄浪逋客。著有滄浪詩集，滄浪詩話。

臨川全集：臨川全集爲一部雜著，係荊公生平撰著各類文字彙集編成之。計分有詩（古詩、律詩、絕句等），詞、歌及各類文章等等。詩詞部份以詩爲大宗，詞僅數闋點輟而已，歌（樂府）以胡笳十八拍爲最佳，以十八首七律合集成之，類似古調伊州歌、水調歌等之風格也。

全集仍以文章爲主，彙集生平撰擬各項公文書及短篇著述，共分；奏狀、箚子、內制、外制、表、論議、書、啓、記序、祭文、哀辭、碑銘。墓誌、雜著等，合計一百卷。臨川全集一書學術價值足可以與歐陽修全集媲美，古今學者個人傳著鮮能凌駕其上者矣。全集不獨學術方面，且史實價值極高。無論奏狀、箚子、內制、外制各項，均以記載自嘉祐年起至熙寧年代，宋代朝廷施政措施，官位陞遷，諸項無不包羅之。如內制冊文；朝享仁宗皇帝之冊文（卷四十五）。詔書；韓琦加恩制（卷四十七）。外制；翰林學士除三司使制（卷四十九）。起居舍人直秘閣同修起注司馬光知制誥制、起居舍人直秘閣同修起居注司馬光改天章閣侍制制（四十九）。仁宗年間朝廷諸多重要詔令誥制，皆出自荊公於知制誥時之手筆。即如嘉祐年間老臣之加恩制，又如司馬光由起居舍人右遷知制誥等詔書，皆爲荊公所擬制，均記載於全集之中，故具有其史實價值，應於正視之。另有「論議」共十卷，自六十二卷至七十一卷。爲荊公短篇學術著述，議論頗廣，見解頗深。五經、諸子、官制、學術等均有深論之。全集中未有一篇散文，論議總以治國治世爲主，以儒學兼帶法家意味。一言以蔽之，在求北宋振興除弊而圖強也。試錄論議九，策問十一道之二、三兩則於下：（卷七十，餘各節過長略之）

二：問皋陶曰：在知人，在安民，大哉古之君臣相戒如此。夫雖有知人之明，而無安民之惠心，未可與爲治也。有安民之惠心，而無知人之明，則不能任人，雖欲安民亦有所不能焉。然天子之尊也，四海之富也，自公至於士，凡幾位，自正至於旅，凡幾職，所謂知人者其必有術，可以二三子而不知乎。

三：問聖人治世有本末，其施之也有先後。今天下困敝不革，其爲日也久矣。治教政令，未嘗放聖人之意而爲之也。失其本，求之末，當後者反先之，天下靡靡然入於亂者凡在此。夫治天下不以聖人所以治，其卒不治也。則爲士而不閑聖人之所以治，非所以爲士也。願二三子盡道聖人所以治之本末與其所先後，以聞於有司。

荆公甚少塡詞，臨川全集卷三十七中，亦僅有十七闋而已。然對塡詞造詣頗高，其塡桂枝香——金陵懷古一闋問世後，不獨後世習詞之人欽佩不已，即使當時詞界高手蘇軾亦爲之折服。清代張宗橚所編詞林記事，於此闋後附註如下：（白香詞譜第二十六闋，其他詞學叢書均刊之。）

古今詞話：金陵懷古諸公寄調桂枝香，共三十餘家，獨介甫爲絕唱。東坡見之，歎曰：此老乃野狐精也。

臨川全集實非一般文集所能比之，不論其學術史實均有其不可磨滅之價値。惜乎！元脫脫丞相編纂宋史未予採用之，反採用稗官野史編纂，以致扭曲史實，使荆公含冤受辱千年。嗟夫！千古之憾事也。

周官新義：周官新義爲荆公之眞正有系統學術著作，也是一部傲世鉅著。周官者，乃六經三禮中之周禮也。新義者，爲荆公依其學術見解而對周禮重行闡釋也。若簡言之；周官即周禮也，亦名周官經。西漢成帝時於魯壁出書，劉歆將周官十六篇整理後，並改名爲周禮。

（荀悅著：前漢記卷二十五，成帝卷二；宣帝時爲少府后倉最爲明禮，而沛人戴聖戴德傳其業，由是有后倉大小戴之學其禮。古經五十六篇，出於魯壁猶未能備，歆以十六篇爲周禮。王莽時歆奏以爲禮經，置博士。）漢志有周官經六篇分爲：天官、地官、春官、夏官、秋官、冬官等。後人疑爲劉歆所僞作，於河間獻王得周官一書後，惟獨闕冬官一篇取考工記補之，乃證實非劉歆所僞作也。宋代葉適之「習學記言」：周禮、儀禮一章中洋洋灑灑數千言，所言主旨，雜亂無章，誠不知所云。茲錄於下：

學習記言：

周官獨藏於成周，孔子未之言，晚始出秦漢之際，故學者疑信不一，好之甚者，以爲周公所自爲，此固妄耳。其極盡小大，天與人等，道與事等，教與法等，粗與細等文與質等。無疏無密，無始無卒。其簡不失，其繁不溢。則雖不必周公所自爲，而非周公者亦不能爲也。……（自成周至平王東遷洛邑一節與周禮無關。略之）然則孔子豈以有其書，而不能起其治，故不言耶。不然；則所謂「周監於二代，郁郁乎文哉，吾從周。」豈即此書也。嗚呼！劉歆、蘇綽、王安石固此書之腥穢，而鄭玄以下又其糠秕爾。

按六卿分職，各以數字之微，使歸統敘一職之內。各有條目，使就績用，充其所行，而三才之道無遺憾矣。舜、禹、皋陶未能如此詳盡也。其所以爲異者，舜典以人任官，周官以官任人爾。……

周官言道則言藝，貴自國子弟，賤及民庶皆教之。其言儒以道得民至，德爲道本，最爲要切，而未嘗言其所以爲道者，雖書堯舜時亦已言道，及孔子言道尤著明然，終不知言道是何物。豈古人所謂道者，上下皆通知之，但患所行不至耶。

周禮本名周官，係爲周代官制，苟以今之名詞解釋，則爲周代朝廷組織法。其爲規定官等、編制、職掌等等。在遂實務執行，非所謂道與教也。其詆詖劉歆、蘇綽、荊公等，復又批評鄭玄，此又何苦來哉？誠不識葉氏著述主旨何在歟？然皮錫瑞之三禮通論云：『周官與周時制度多不符，非周公之書可知。孔子所謂吾學周禮，亦非周官之書也。』如是葉氏之論議又如何解釋之。周禮經漢大司農鄭玄作注，唐太學博士賈公彥作疏。然賈氏云：『各官制起自帝堯、帝嚳之制。如堯典云：「伯禹作司空」等語。』惟鄭氏之注，賈氏之疏均似嫌簡略，闡釋未予精闢，後人讀之，難窺堂奧。周官一書除荊公著新義外，尚有清代孫貽讓著有「周禮正義」一部，共計八十六卷。

世人未讀周禮者，故不識古代之官制也。謬識專制時代，尤以商周之前，文化未臻完善，咸認專制帝王對朝政或任官均可任意爲之，實非也。古代朝政無不尊從禮制，未如禮制者，則爲無禮也。禮即法也，無禮亦即今日違法之謂也。故曰：公輸子之巧，不以規矩不能成方圓，古代無不尊從禮制規矩也。按周官之六部；依瓊林幼學卷一文官篇解釋云：『吏部天官大冢宰，戶部地官大司徒，禮部春官大宗伯，兵部夏官大司馬，刑部秋官大司寇，工部冬官大司空。』此六部官制荊公依周代古制，將其建制、編制、職掌、制度、權限等。荊公並以唐宋時代之實際狀況，而作精闢之銓釋。是故後世之人，故爲欽佩荊公學識淵博，浩翰無涯，無不肅然而敬之矣。熙寧新法實施設置三司條例司等官衙，各賦其責，各司其職，皆祖此而設置之，卻反受滿朝舊臣掣肘及疵議耶！試將荊公於周官新義之自序。茲摘錄於下：

士弊於俗學久矣，聖上閔焉以經術造之，乃集儒臣訓釋厥旨，將播之校學。而臣安石實慬周官，惟道之在政事。其貴賤有位，其先後有序，其多寡有數，其遲數有時。制而用之存乎法，推而行之存乎人。其人足以任官，其官足以行法，莫盛于成周之時。其法可施於後世，其文有見於載籍，莫具於周官之書。蓋其因習以崇之，賡續以終之。至於後世，無以復加，則豈文武周公之力哉。……（論議略之）謹列其書爲二十有二卷，凡十餘萬言上之御府，副在有司，以侍制詔頒焉。謹序。

荊公於自序詳言之，「制而用之存乎法，推而行之存乎人。」先有法之制定，而後乃於人之執行。亦即今日之言，徒人不足以自立，徒法不足以自行之謂也。此爲啓法制之先河。如是證實遠古時代之帝王其朝政，亦非一人之意旨而能擅斷獨行，仍遵循一定禮制而爲也。古代言禮而不言法，此乃時代變遷語詞之遭進也。荊公將古代禮制精神而以唐宋實質需要撰著周官新義一書，爲再啓法制之肇端。於斯時或後世，均可列爲千古傲世鉅著也。試錄卷二：天官大冢宰，卷三：天官小冢宰等部份，鄭玄之注，賈公彥之疏及荊公之新義解釋各一節，供參考之。

周禮天官：冢宰治官之職。

大宰之職：掌建邦之六典，以佐王治邦國。一曰治典；以經邦國，以治官府，以紀萬民。二曰教典；以安邦國，以教官府，以擾萬民。三曰禮典；以和邦國，以統百官，以諧萬民。四曰政典；以平邦國，以正百官，以均萬民。五曰刑典；以詰邦國，以刑百官，以糾萬民。六曰事典；以富邦國，以任百官，以生萬民。（周禮卷二）

按：本節注疏甚爲詳實，鄭玄注共二百八十三字，賈公彥疏共九百二十九字，荊公新義共一千零八十四字。未便照錄，僅摘錄部份。

鄭注：典；常也，經也，法也。王謂之禮，經常所秉以治天下也。治典；冢宰之職，故立其官曰：使率其屬而掌治，以佐王經邦國。……（周禮卷二）

賈疏：大宰至於生萬民。釋曰：……掌建邦之六典者，謂太宰，總御群職，故六典俱建也。以佐王治邦國者，以六典使王執治邦國，王不獨治，故云佐王也。一曰治典以經邦國，至六曰事典皆云邦國者，邦國皆謂諸侯之國。但治典云：經者所以經紀爲名，故云「經」。教典云：安者地道主安，故云「安」。禮典云：和者禮之用，和爲貴，故云「和」。政典云：平者司馬主六軍，以平天下，故云「平」。刑典云：詰者以其刑者有所詰禁天下，故云「詰」。事典云：富者作事所以富國家，故云「富」也。……（周禮注疏卷二）

荊公新義：典之字從冊，從丌（說文解字注：下基也）。……王之治邦國，則班常而已，故以典。典：典言其大常也。治都鄙，則使有所揆焉，不特班常而已。故以則，使有所揆焉者也。……治典曰：以經邦國，以紀萬民者；有經則宜有緯，有紀則祖有綱。經而紀之者，典也。綱而緯之，則存乎其人矣。大宰帥其屬以佐王均邦國，而治典以經邦國。治職以平邦國者，蓋治典之爲書，以經邦國而已，治官之屬，推而行之，然後以平邦國。至於均邦國則王之事，非治典之書所能及，非治官之屬所能專，所以綱而緯之存乎其人者，此也。治典以紀萬民，治職以均萬民，則亦治典之爲書，以紀萬民而已。治官之屬，推而行之，然後有以均萬民也。（新義卷一）

小宰之職：掌建邦之宮刑，以王室之政令，凡宮之糾禁。（周禮卷三）

鄭注：杜子春云：宮皆當爲官，玄謂宮刑在王室中者之刑，建期布告之。糾猶割也，察也，若今御史中丞。（周禮卷三）

賈疏：杜子至中丞。釋曰：後鄭以宮刑，宮中之刑，不從子春。官刑者，見秋官司寇已云，四曰官刑，此小宰不往貳之，則不須重掌。又見下文，覾治象乃退，以宮刑憲禁于王宮，故知宮刑明矣。……糾猶割也，察也。既言糾，謂糾察其非，事已發者，

依法斷割之。事未發者審察之。……(周禮注疏卷二)

荊公新義：小宰治王宮之政令，而內宰治王內之政令，王內后宮也，內宰治后宮之政令，故小宰獨治王宮之政令，至於后宮之糾察，則小宰兼之。故曰：凡宮之糾禁也。(新義卷二)

清代錢儀吉(嘉慶進士)**後跋云**：昔王荊文公以周官泉府一言禍宋，迨南渡後，既已罷從祀，斥新經，盡棄其所學。然當時諸儒釋周禮者，猶多稱述，知其言固不可廢者已。……考工記注二卷，爲鄭宗顏輯。前人言之致確，而舊本猶書安石名，豈以中用字說尤多，固爲王氏一家之學邪。

周官新義，荊公序言云計二十二卷，現存十六卷。地官夏官兩卷闕文甚多，據錢氏跋云及乾隆時杭州文瀾閣寫書，得明代永樂大典本，並參考諸家傳義，爰爲補錄之。另言及「泉府一言禍宋」之事，於宋史及茅坤之荊公本傳中雖已提及，楊時言予欽宗荊公降爵罷祀等，並未言及原委。迨南渡後元祐黨人仍借此「泉府」二字，攻訐荊公。泉府雖與新法中青苗、均輸二法有相同之處，然亦非荆公之首創也。此乃是欲加其罪，何患無辭矣。荆公實無妄之災耳！試就各類籍典對泉府之闡釋錄於下：

周禮地官．司徒教官之屬：

泉府上士四人，中士八人，下士十有六人，府四人，史八人，賈八人，徒八十人。

（周禮卷九）

鄭注：故書泉或作錢（周禮卷九 附註）

以泉府同貨而斂賒。（周禮卷十四）

鄭注：同共也，同者謂民貨不售，則爲斂，而買之。民無貨則爲賒，貰而予之。（周禮卷十四 附註）

賈疏：以泉至斂賒。釋曰：泉府職掌，於市之罰布之等藏之。今司市之官，以泉府所藏之布物，與民同行其貨，而民無財者，賒而予之，後斂取其直。故云：同貨而斂賒也。註同其至予之。釋曰：同者謂民貨不售則爲斂，而買之者。民賣物不售，則以泉府之物買取之。

釋：經同貨也。民無貨則賖貰而予之者，此謂所買得之物。民有急須而無貨者則貰予之，有時斂取其直。(周禮注疏卷十四)

荊公新義：泉府，掌以市之征布，斂市之不售，貨之滯於民用者，以其價買之。物竭而書之，以待不時而買者，買者各從其抵。都鄙從其主，國人郊人從其有司，然後予之。凡賖者，祭祀無過旬日，喪紀無過三月。賖之謂賖，則不即入其價也。(此注據訂義增。)凡民之貸者，與其有司辨而授之，以國服爲之息，凡國事之財用取具焉。歲終，則會其出入而納其餘。(新義卷七)

茅坤之荊公本傳後段云：『楊時言於欽宗降從祀，高宗復停宗廟配享，削王封。理宗復停孔廟從祀。』蓋「泉府」本爲地方官司之職掌，自周代即已有之。漢之鄭玄作注，唐之賈公彥作疏。荊公宗其法而重行加以解釋，用之於青苗、均輸之法，何罪之有？今之經濟貿易機構尚沿用此法，如今日臺灣稻米生產過剩則由糧食局收購之，菜蔬生產過剩則由各級農會收購之。尚有農業、工業之生產貸款等等。泉府之法，良法也。何謂「泉府」者，清代孫貽讓之「周禮正義」予以解釋之。兩節特錄於下：

周禮正義：故書，泉或作錢。國語周語，景二十一年，將鑄大錢，故曰，泉後轉爲錢。段玉裁云：外府云，其藏曰錢，其行曰布，取名曰水泉，其流行無不遍。說文貝部云：古者貨貝寶龜，周有錢，至秦廢貝而行錢。據許語，錢即泉，秦時易名錢也，故金部錢字下曰銚也。古田器，一曰貨也，然則錢之名，不始於漢。檀弓注曰：古者謂錢曰泉，知漢時謂泉曰錢也，故書泉作錢，蓋假借錢之肇端矣。徐養原云泉錢同聲，蓋古通用，秦爲廢貝之始，非名錢始也。案徐說是也。漢書食貨志云：劉歆言，周有泉府之官，則劉所見，故書亦作泉。二鄭不從本作。（卷十七）

周禮正義：注：同共也。同者謂民貨不售，則爲斂而買之，民無貨，則賒貰而予之。疏：以泉府同貨而斂賒者，即泉府職掌者是也。斂謂斂之入官，賒謂貰之與民。市貨不售則斂之，民有急求則貰之。或斂或賒謂之同貨，所以通有無而齊贏絀之數也。朝士凡民同貨財者，義與此略同。凡市官以公貨同之於民，其事掌於泉府，而司市亦總

其成焉。（以下引述賈公彥疏解釋，文字過長，不作贅述，略之。卷二十七）

孫氏於周禮正義中對「泉」字解釋綦詳，然對泉府未予解釋之。何謂「泉府」，於字裡行間不難瞭解矣。泉府者乃是辦理錢財之司府也。若依今日言詞解釋亦就「銀行」是也。古之泉府，今之銀行，皆辦理民間賒貸之事，古今相同，業行之兩千餘年，周官新義何謬誤之有耶！荊公因泉府二字而招禍，如何言之矣！荊公於周官新義中對泉府解釋，也許文深而意長，特將今人林尹教授所著「周禮今註今譯」之譯文錄於下：

泉府掌理以收取市中賦稅所得的現金，收集市中那些不合於時用而滯售的物品，以原價收購。然後把那些貨物加上標簽，賣給有急用而需求的人。但有此需求的必須持有地方長官所出的證明，都鄙的人民必須有邑宰以下的地方長官證明，國中與郊中的人民必須持有大夫以下的地方長官證明，纔能賣給他們。凡人民有急用而賒購物品的，貨款的償還，祭祀用的不能超過十天，喪事用的不能超過三個月。凡有人民貸借貨品或金錢的，會同他們的地方長官驗明品質與數目，然後發給他們，按爲國服事的各種稅率，收取利息。凡有國家事務所需的財物，都可以向泉府領取，每年終了，核算一

切支出與收入，如有盈餘，繳交職幣。（卷四　地官司徒下）

按：都鄙者爲邊區村落也。國服者國家之規定也。林氏之譯釋極爲清楚透徹，若依此論及「泉府」，不獨係官府合法合理之機關，亦爲便民之機構，特爲紓解民間困苦而設立之。漢書食貨志云：周有泉府之官，如此泉府非荊公首創也。荊公則沿用於新法之中。又有何不妥，又有何失職之處，頗令人費解矣。周官新義一書應爲荊公學術之鉅著也，而元祐黨人將其扯入政治恩怨中，誣害荊公誤國，依曾國藩之言：宋儒寬於責小人，而嚴於責君子。如是，荊公則應爲君子矣，而元祐黨人應非宋儒，無是非正義可言，足可列爲小人之流也。

字說：字說爲荊公另一部著述。字說凡二十卷，自承天地之義理，與易經可輔車表裡。哲宗元祐元年四月荊公謝世（荊公年表記載），宣仁太皇太后（高后）臨朝，任司馬光爲相，蘇軾爲翰林學士，新法逐一罷革。元祐黨人假言「字說」一書，穿鑿附會，流於佛老，蠱惑後世，而予禁絕之。特將熙寧字說之自序錄於下：

自序：文者；奇偶剛柔雜比以相承，如天地之文，故謂之文。字者；始於一二而生，生至無窮。如母之字子，故謂之字。其聲之抑揚開塞合散出入，其形之衡從曲直邪正上下內外左右，皆有義，皆本於自然，非人私智所能爲也。與夫伏羲八卦，文王六十四，異用而同制，相待而成易。先王以爲不可忽，而患天下後世失其法。故三歲一同，同之者，一道德也。秦燒詩書殺學士，而於是時始變古而爲隸，蓋天之喪斯文也。不然，則秦何力之能爲。余讀許愼說文，而於書之意時有所悟。因序錄其說二十卷以與門人，所推經義附之。惜乎！先王之文缺已久，愼所記不具，又多舛，而以余之淺陋考之，且有所不合。雖然，庸詎非天之將興斯文也，而以余贊其始，故其教學必自此始，能知此者，則於道德之意已十九矣。（臨川全集，卷八十四）

字說一書，元祐初年即被禁絕，而不傳於後世，後世之人自不能窺得其貌也。然自元祐年後以至南宋末年爲止。元祐黨人之後代所撰著諸多筆記，以字說一書對荊公百般污辱，書已禁絕多年，事過將近百載，而此類筆記之記載卻歷歷如繪，有聲有色，實令人生疑矣。例如岳珂之「桯史」亦有記載之，且牽涉蘇軾黃岡之貶，似風馬牛不相及也。誠不識其依據何來？誠不識此類筆記之依據何來歟？是耶？非耶？茲將各家筆記錄於下。請共評之：

後山談叢：（宋·陳師道撰）王荆公爲相，喜說字始，遂以成俗。劉貢父戲曰：三鹿爲麤，麤不及牛。三牛爲犇，犇不及鹿。謂宜三牛爲麤，三鹿爲犇。苟難於遽改，令各權發遣，於是解縱繩墨，不次用人，往往自小官暴據要地，以資淺皆號發遣云，故並譏之。（卷二）

聞見後錄：（宋·邵博撰）王荆公喜字說，至以成俗。劉貢父戲之曰：三鹿爲麤，鹿不及牛。三牛爲犇，牛不及鹿。謂宜三牛爲麤，三鹿爲犇。若難予遽改，欲令各權發遣，荆公解縱繩墨，不次用人，往往自小官暴據要地，以資淺皆號權發遣，故并譏之。……（卷三十）

桯史：（宋·岳珂撰）王荆公在熙寧中，作字說行之天下。東坡在館，一日因見而及之曰：丞相賾（按：賾即嘖也，衆口爭辯也。）微窅窮制作，某不敢知，獨恐每每牽附學者承風。有不勝其鑿者，姑以犇麤二字言之，牛之體壯於鹿，鹿之行速於牛。今積三爲字，而其義皆反之，何也？荆公無以答，迄不爲變。黨伐之論，於是浸開黄岡之貶，蓋不特坐詩禍也。（卷二）

猗察寮雜記：（宋‧李翌撰）介甫字說，往往出於小說佛書。且如天；一而大，蓋出春秋說辭，天之爲言塡也，居高理下，含爲太一。見法苑諸林。如星字；物生於下，精成次列。晉天文志，張衡論也。鴝鵒勾其足而欲；見酉陽雜俎，鴝鵒觸其足，往往而墮地，人掩之，以爲媚藥。年字大一成年；書正義孔炎曰，年取禾穀一熟也。（卷上）

欒城遺言：（宋‧蘇籀撰）公（指蘇轍）云：王介甫解佛經三昧之語，用字說示關西僧法秀。秀曰：相公文章村和尚不會，介甫悻然。又問如何？秀曰：梵語三昧，此云：正、定、相，用華語解之誤也。公謂坐客曰：字說穿鑿儒書亦如佛書矣。（僅一卷）

密齋筆記：（宋‧謝伯采撰）新刊荊公字說二十四卷，前無引序，後無題跋。獨雷抗爲之注，天下公論昭然明矣。休乃平心定氣而言曰：此許愼說文解字也，雷抗即徐鍇之傳釋也。但以之解六經，導後學，則穿鑿之論蠭起，豈大儒所爲。（卷一）

丹鉛續錄：（明‧楊愼撰）王荆公好解字說，而不本說文妄自杜撰。劉貢父曰：易之觀卦，即是老鸛。詩之小雅，即是老鴉。荆公不覺欣然，久乃悟其戲。又問東坡，何以從九。東坡曰：鳲鳩在桑，其子七兮。連娘帶爺，恰不九個。又自言：波水之皮也。坡公笑曰：然則滑是水之骨也。（卷十，楊氏之丹鉛錄共有餘錄、續錄、總錄三篇。總錄爲其門生所整理，三篇之中，重複刊之甚多，本節於總錄卷十五重複刊之。）

古今說海：（明·陸楫撰）東坡聞荊公字說新成，戲曰：以竹鞭馬爲篤，以竹鞭犬，有何可笑。又曰：鳩從九從鳥，亦有證據。詩云：鳲鳩在桑，其子七兮，和爹和娘，恰是九個。（卷一百十二）

字說一書於元祐年間禁絕之，哲宗在位共十五年，徽宗在位共二十六年，計四十一年。於五十年之內政局尚爲安定，書雖禁絕。或許禁而不絕，民間私人藏書，傳聞等等不無可能也。南渡之後，歷經兵燹，江山已改，人事全非。此類筆記文字可信乎？孰不可信乎？此批撰著人尚有南渡百年之後者，字說一書業已禁絕多年，恐難閱讀原書矣。既無原書可據，依據可疑，所撰筆記如非道聽途說。則是杜撰揑造也。

陳師道之後山談叢一書，經四庫全書提要考證云：「師道字無己，後山其別號也，具宋史文苑傳陸游老學庵筆記，頗疑此書之僞，又以爲或其少作。」因此雖不能確認其爲僞作，其可信度自不高矣。至於邵博之聞見後錄所載一節，顯有抄襲後山談叢之嫌。陳氏爲元祐時人，而邵博則爲南渡後紹興時人。其抄襲技巧太不高明，幾乎一字不改。苟若後山談叢確爲僞作，邵博之嫌列爲首名矣。岳珂爲南宋寧宗時人，與元祐相距百年之久，何閱讀字說之舉，況且載明荊公與蘇軾對話情節，如同在側，豈不是天大之疑問耶！復又不載明出處，如此不是附會亦是杜撰歟？蘇籀之欒城遺言，籀爲蘇轍之孫。四庫全書提要云：『籀年十餘歲隨其祖轍之側，首尾共九載。』或聽其祖轍之言，似有可能。然四庫全書又云：『惟籀私於其祖，每陰寓抑軾尊轍之意。』復云：『轍崇寧丙戌夢見王介甫事，尤爲失之誕妄。特籀親承訓，耳濡目染，其可信者，亦多究非，影響比也。』其可信程度四庫全書業已言明矣。謝伯釆，宋史無傳。據四庫全書提要云：『謝氏爲孝宗時謝深甫之子，理宗謝后之叔。』試問字說一書已禁絕百年之久，何又有其新刊問世，且前無引序，後無題跋。荊公自序刊於臨川全集卷八十四集，何無序之有乎？謝氏所言新刊亦未必可信矣。再言：楊愼之丹鉛續錄及陸楫之古今說海等，事隔四百餘年之久（楊氏在世爲公元一四八八年至一五五九年。陸氏年籍不詳。）其撰述之根據何在，未予著明之。其二人當年是否隨侍於荊公、蘇軾二位之側歟？剽竊行徑，徒貽笑後世矣。宋史卷二三七集王安石傳後，亦有類似此不實記載。（略之。）

蓋「麤．犇」二字，自古亦有之。麤字依段玉裁說文解字注云：「麤：行超速也。鹿善驚躍，故爲三鹿，引伸之爲鹵莽之稱。篇韻云：不精也、大也、疏也，皆今義也。今人概用粗，粗行而麤廢矣。』犇字於說文解字中未檢獲（許慎說文解字業已失傳，今段氏注本係以五代南唐徐鉉等所整理之說文解字本，俗稱「大徐本」，段氏即依此本而注釋之。其弟徐鍇所整理「說文繫傳」，俗稱「小徐本」。六朝梁代大學士黃門侍郎顧野王所撰「玉篇」云：『麤字：疏也、大也、不精也。』麤字其部首自成一部，不屬鹿部，例如塵字則屬麤部，今用之塵字則爲簡體俗字也。『犇字：牛驚也。』漢書昭帝紀：『犇命擊益州。』注：「古奔字」等解釋。嗟夫！麤、犇二字古來有之，並非爲荊公所自創，字說一書今已絕版，荊公如何闡釋，不敢臆斷。文字本爲記事之符號，源自上古，而後編成六書，文字之注釋無不引用前人。漢代許慎之說文解字，亦係引用周宣王太史籀之籀文，以及秦代李斯之小篆而撰著之。徐鉉、徐鍇昆仲二人爲之傳著整理，清代段玉裁依大徐本爲之注解，此豈可皆穿鑿附會歟？何者爲大儒？何者爲小儒？荊公與蘇軾、劉貢父等諸位又如何區分之！蘇、劉二人皆爲進士及第，飽學之士，何能如此幼稚而未孰讀六書邪！陳師道、邵博等等亦皆進士及第，竟然撰寫如此文字，又不註明出處，其捏造附會毫無疑問矣！誠所謂一犬吠影，百犬吠聲。此皆吠聲之徒也。然袁文之甕牖閒評、馬永卿之嬾眞子等，對荊公字說則另有一番闡釋。陸游之老學庵筆記則言，當時撰述字說者尙多矣。錄於下：

甕牖閒評：（宋・袁文撰）字說，于種字韻中入穜字，云：物生必蒙故從童。草木亦或種之，然必穜而生之者，禾也，故從禾。王介甫亦以穜爲種字焉。藝苑雌黃云：穜植之種，其字從童，之用切。種稑之種，其字從重，直容切。蓋與此意同矣。（卷四）

按：穜字，稻也，先種而後熟。稑字，稻也，後種而先熟。種字，植也。按袁氏解釋頗有疑問，此二字皆六書中之形聲字也，有名詞與動詞之別也。

嬾真子：（宋・馬永卿撰）荊公字說解妙字云，爲少爲女爲無妄，少女即不以外傷內者也，人多以言爲質，殊不此乃郭象語也。莊子云：綽約若處子。注云：處子不以外傷內，公之言蓋出此。（卷五）

老學庵筆記：（宋・陸游撰）字說盛行時，有唐博士耜、韓博士兼皆作字說解數十卷，太學諸生作字說音訓十卷，又有劉全美作字說偏旁音釋一卷，字說備檢一卷，又以類相從爲字會二十卷，故相吳元中試辟雍程文盡用字說特免省，門下侍郎薛肇明作詩奏御，亦用字說中語。予少時，見族伯彥遠和霄字韻詩云：雖貧未肯氣如霄，人莫能曉，或叩問之，答曰：此出字說，胥字云，凡氣升此而消焉，其奧如此。鄉中前輩胡浚明尤酷好字說，嘗因浴出大喜曰：吾適在浴室中有所悟，字說直字云，在隱可使十目視者直，吾力學三十年，今乃能造此地。近時此學已廢。予平生惟見王瞻叔參政篤好不衰，每相見必談字說，至莫不雜他語，雖病擁被指盡誦說不少輟。其次子晁子止侍郎亦好之。（卷二）

按：辟雍，周禮春官：大司樂掌成均之法。孫詒讓正義註：周大學之名，見此經者唯成均。見禮記者，則又有辟雍、上庠、東序、瞽宗與成均為五學，皆為大學。金鶚云：五學以辟雍居中為最尊，成均在南亦尊，故統五學名之為辟雍，亦可名為成均。

五、歐陽文忠公之知遇：

荊公於二十二歲高中進士（第四名）。時值英年，豪氣萬千。經曾鞏之引薦與歐陽修（以下稱文忠公）。嗣後情誼日篤，經文忠公之延譽，當年旋即簽書淮南判官。復又經文忠公屢次引薦館職，均爲荊公所婉拒。先後上書文忠公四次，言詞極爲恭謹，依此可證文忠公對荊公之器重及獎掖情事。茲將書函摘錄於下：

書一：今日造門，幸得接餘論，以坐有客，不得畢所欲言。某所以不願試職者，向時則有婚嫁葬送之故，勢必不能久處京師，所圖甫畢。……翰林雖嘗被旨與某試，然某之到京師，非諸公所當知。以今之體，須某自言，或有司以報，乃當施行前命耳。萬一理當施行，遽而罷之，於公義亦似未有害。某私計爲得，竊計明公當不惜此，區區之意，不可以盡，唯仁明憐察而聽從之。

書二：某以不肖，願趨於先生長者之門久矣。初以疵賤不能自通，閣下親屈勢位之尊，忘名德之可以加入，而樂與之爲善。顧某不肖私門多故，又奔走職事，不得繼請左右。及此蒙恩出守一州。愈當遠去門牆，不聞議論之餘，私心眷眷，何可以處。道途邅迴，數月始至敝邑，以事之紛擾，未得具啓，以敘區區嚮往之意。過蒙獎引，追贈詩書，言高旨遠，足以爲學者師法。惟褒被過分，非先進大人所宜施於後進之不肖，豈所謂誘之欲其至於是乎。雖然，懼終不能以上副也。輒勉強所乏，以酬盛德之貺。非敢言詩也。惟赦其僭越，幸甚。

書三：……吏事亦尚紛冗，故修啓不蚤，伏惟幸察。閤下以道德爲天下所望，方今之勢，雖未得遠引，以從雅懷之所尚，惟攄所蘊以救時敝，則出處之間，無適不宜，此自明哲所及者，承餘論及之。因試薦其區區，某到郡侍親，幸且順適。但以不才而臨今日之民，宜得罪於君子，固有日矣。

書四：某以疵賤之身，聞門願見，非一日積，幸以職事二年京師，以求議論之補。蒙恩不棄，知遇特深。違離未久，感戀殊甚。然以私門多故，未嘗得進一書，以謝左右。伏蒙恩憐再賜手書，推獎存撫，甚非後進所當得於先生大人之門。以愧以恐，何可以言也。秋冷。伏惟動止萬福，惟爲時自重，以副四方瞻望之意。

（以上四書，載於臨川全集卷七十四）

文忠公之以荊公器重獎掖，訶護倍至。荊公之以文忠公則恭謹秉禮，師承事之。非如元祐黨人所言，狂妄傲慢，跋扈專橫。然自其書中，字裡行間不難窺見，才高自負，氣盛志昂。頗有豪傑志在四方，爲民造福。英雄豈賴攀附，發奮圖強。不戀京師榮華富貴，坐享安樂也。書一中業已言明，固辭翰林之職，亦即不倚引薦之力也。其餘三書之中對文忠公極爲仰慕，如書二：「過蒙獎引，追贈詩書，言高旨遠，足以爲學者師法。」書三：「閣下以道德爲所望。」書四：「秋冷，惟動止萬福，惟爲時自重，以副四方瞻望之意。」荊公極尊敬文忠公，而不倚之館職之榮。因之，反證宋史所云：「安石本楚士，未知名于中朝，以韓、呂二族爲巨室，欲籍以取重，乃深與韓絳、韓維及呂公著交，三人更稱揚之，名始盛。」極不正確，實元祐黨人之餘孽編纂宋史所捏造也。（明代柯維騏之宋史新編及茅坤之荊公本傳，均有抄錄此段不實記載。）

文忠公謝世之時，撰寫祭文者頗衆，荊公共襄盛舉，亦撰祭文一篇。據茅坤於其所撰「王荊公文鈔」（卷十六）祭文題下註云：「歐陽公祭文，當以此爲第一。」據歐陽修全集附錄中，所載祭文共有七篇。除荊公一篇外，尚有韓琦、范鎭、曾鞏、蘇軾（兩篇）、蘇轍等。荊公所撰祭文，文簡意賅，不諂不譎，體裁平實，言詞中肯。閱讀此篇祭文之後，則對文忠公肅然起敬，並對荊公文章由衷欽佩之。祭文即無歌功頌德之語，更無婦人孺子悲泣之聲也。情愫出自眞誠，恭敬出自肺腑。乃承太史公及韓昌黎之遺風，雖無疾風，水平如鏡，卻波濤之洶湧。茅坤之評不妄也。荊公尚有祭范仲淹一文，亦爲文辭並茂。茅氏復評曰：荊公爲人多氣岸不妄交，所交者皆天下名賢，故其歿而祭也。其文多奇崛之氣，悲愴之思，令人讀之，不能以不掩卷而涕洟。（同文鈔卷十六）

祭文共三百七十五字，於文忠公生平之重點而摘之：「惟公有聞於當時，死有傳於後世，苟能如此，足矣，而亦又何悲。如公器質之深厚，智識之高遠，而輔學術之精微，故充於文章，見於議論。」……「嗚呼！自公仕宦四十年，上下往復，感世路之崎嶇。雖屯邅困躓，竄斥流離，而終不可掩者。以其公議之是非，既壓復起，遂顯于世。果敢之氣，剛正之節，至晚而不衰」。「方仁宗皇帝臨朝之末年，顧念後事，謂如公者，可寄以社稷之安危，及夫發謀決策，從容指顧，立定大計，謂千載而一時功名。成就不居而去，其出處進退，又庶乎英魄靈氣，不隨異物腐散，而長在乎箕山之側與穎水之湄。」此篇祭文將文忠公之公忠體國，浩然正氣躍於紙上而永留於後世矣。

按：箕山位於河南登封縣，又名許由山，堯時巢父許由皆隱於此。伯孟避啓亦隱於此。

潁水亦源於登封縣潁谷，經河南東南流併賈魯河而入安徽省，經三和縣後入淮水。

曾鞏所撰祭文爲四言古詩一首，共四百三十六字，係正規祭文格式。惜乎！文茂而意薄，刻意於修辭，乃有辭過於文之嫌。至於蘇軾所撰祭文兩篇，文辭俱佳，惜含有應酬之嫌。讀之，令人有缺乏眞情實義之感。如首篇：「民有父母，國有蓍龜。斯文有傳，學者有師。君子有所恃而不恐，小人有畏而不爲。譬如大川喬嶽，雖不見其運動，而功利之及於物者，蓋不可以數計而周知。公今之沒也，赤子無所仰芘，朝廷無所稽疑。斯文化爲異端，學者至於用夷，君子以爲無與爲善，而小人沛然自以爲得時。」再如次篇：「凡二十年，再升公堂，深衣廟門，垂涕失聲，白髮蒼顏，復見潁人。潁人思公，曰此門生，雖無以報，不辱其門。清潁洋洋，東注于淮，我懷先生，豈有涯哉。」蘇軾所撰兩篇，文辭雖佳，似缺師生之情，尤以次篇結尾「不辱其門」之語，純爲表彰元祐黨人或其自身耶！再言蘇轍所撰祭文，亦爲四言古詩一首，計有五百七十六字。文辭較爲艱澀，佶屈聱牙，讀不順口，似有賣弄其造詣之嫌。如：「歷告在位，莫此敝蒙。報國以士，古人之忠。公不妄言，其重鐘鼎。厥聲四馳，靡然向風。嗟維此時，文律頹毀。奇邪譎怪，不可告止。剽剝珠貝，綴飾耳鼻。調和椒薑，毒病唇齒。咀嚼荊棘，斥棄羹胾。」蘇氏昆仲均出於文忠公門下，而其昆仲所撰之祭文，對師生情誼有欠誠摯，字裡行間頗有疵議荊公之意，憾矣！

文忠公與荊公情誼甚篤，純係君子之交，間有文字唱和。荊公撰明妃曲一闋，挑起文忠公之文思，則以和之。

明妃曲：我本漢家子，早入深宮裡。遠嫁單于國，憔悴無復理。穹廬爲室旃爲牆，胡塵暗天道路長。去住彼此無消息，明明漢月空相識。死生難有卻回身，不忍回看舊寫眞。玉顏不是黃金少，愛把丹青畫錯人。朝爲漢宮妃，暮爲胡地妾。獨留青塚向黃昏，顏色如花命如葉。（臨川全集卷三十六 集句）

文忠公對此闋明妃曲極爲欣賞，特予和之。和一闋意猶未盡，再和一闋之。二公之作，相埒伯仲。足證二位造詣之深情誼更深之也。茲錄二闋於下：

明妃曲和王介甫：胡人以鞍馬爲家，射獵爲俗。泉甘草美無常處，鳥驚獸駭爭馳逐。誰將漢女嫁胡兒，風沙無情貌如玉。身行不遇中國人，馬上自作思歸曲。推手爲琵卻手琶，胡人共聽亦咨嗟。玉顏流落死天涯，琵琶卻傳來漢家。漢宮爭按新聲譜，遺恨已深聲更苦。纖纖玉手生洞房，學是琵琶不下堂。不識黃雲出塞路，豈知此聲能斷腸。

再和明妃曲：漢宮有佳人，天子初未識。一朝隨漢使，遠嫁單于國。絕色天下無，一失再難得。雖能殺畫工，於事竟何益。耳目所及尚如此，萬里安能制夷狄。漢計誠已拙，女色自難誇。明妃去時淚，灑向枝上花。狂風日暮起，飄泊落誰家。紅顏勝人多薄命，莫怨春風當自嗟。（二闋均於歐陽修全集卷一　居士集一）

文忠公本才學蓋世，有才之人更愛才，更惜才，故對荊公倍加器重及獎掖。荊公則不卑不亢，不忮不求。足使文忠公殊加欽佩之，特作七律一首以贈之。

翰林風月三千首，　吏部文章二百年。
老去自憐心尚在，　後來誰與子爭先。
朱門歌舞爭新態，　綠綺塵埃試拂絃。
常恨聞名不相識，　相逢樽酒盍留連。

（歐陽修全集卷二　居士外集一）

此首七律爲文忠公器重荊公，而予激勵獎掖之作。「後來誰與子爭先」，誠然耳。上句「老去自憐心尚在」，文忠公其意已至暮年，嗣後中興大宋河山之責，則寄荊公之肩矣。試看自熙寧以後，於歷史上能與荊公爭先者，又有幾何人也。然因此詩面世後，釀成自元祐年起乃至南宋末年止，諸多爭論糾葛與是非。元祐黨人讀此詩後，既妒又恨。就此詩第一、二句而大作文章，復將荊公一首七絕「殘菊」雜入其中，妄言文忠公與荊公二位於學術認知有所差異及矛盾，頗含挑撥煽動之意，借之惡意攻訐荊公。惟盼後世之人，誤認文忠公與荊公二位因文字而交惡，乃至產生隔閡與恩怨，元祐黨人其居心叵測，不爲不奸險矣。揑造文字，一唱百和，強導後世之人不得不誤信之，損及荊公清譽，文忠公並遭池魚之殃也。首先由哲宗紹聖進士葉夢得於避暑錄話卷上所記，「翰林風月三千首，吏部文章二百年」，然卻未提及荊公之七絕「殘菊」之句。僅言及「他日儻能窺孟子，此身安敢望韓公」等。（詳本文第二。）徽宗政和進士朱翌之猗覺寮雜記中亦記有之，尚引用唐代大中進士孫樵之言證之。而後高宗時吳曾之能改齋漫錄，將荊公之七絕「殘菊」詩而引入疵論之。再以後乃愈論愈遠矣，愈論愈烈矣。茲分錄於下：

猗覺寮雜記：（宋・朱翌撰）歐陽永叔贈介甫云：翰林風月三千首，吏部文章二百年。

介甫答云：他日若能窺孟子，終身安敢望韓公。議者謂介甫怒永叔以退之相比，介甫不知二百事，乃南史謝朓吏部也。沈約見其詩云：二百年來無此詩，以介甫爲誤。以余考之，歐公必不以謝比介甫，介甫不應誤以謝爲韓也。孫樵與高錫望書云：唐朝以來，索士二百年間，作者數十輩，獨高韓吏部，歐公用此耳。介甫未嘗誤認事也。

（見孫樵集。卷上　亦稱孫可之全集）

能改齋漫錄：（宋．吳曾撰）蔡絛之西清詩話記：荊公有「黃菊飄零滿地金」之句，而文忠公非之，荊公以文忠公不讀楚辭之過也。以余觀之，夕餐秋菊之落英，非零落之落，落者始也。故築室始成謂之落成。爾雅曰：俶落權輿始也。（卷三）

雞肋篇：（宋．莊季裕撰，其本名綽）歐陽文忠公有贈介甫詩云：翰林風月三千首，吏部文章二百年。老去自憐心尚在，後來誰與子爭先。王答云：他日若能窺孟子，終身何敢望韓公。余少時聞人謂吏部乃隱侯，非文公也。翰林詩無三千，亦非太白。後見沈約傳雖嘗爲吏部郎乃稱謝朓云，二百年來無此詩，謂由建安至宋元嘉二百三十餘年，舉其全數耳。自嘉祐上至唐元和餘二百五十年，去元嘉則遠矣，則吏部蓋指韓矣。鄭谷有題太白集詩云：何事文星與酒星，一時分付李先生。高吟大醉三千首，留著人間伴月明。永叔所引但用沈二百年之語，加以退之，以對翰林三千首耳，詩年之數安在，如書馬數馬乎？（卷上）

耆舊續聞：（宋・陳鵠撰）歐陽公與王荊公詩曰：翰林風月三千首，吏部文章二百年。荊公答曰。他日若能窺孟子，終身安敢望韓公。歐公笑曰：介甫錯認某意，所用事乃謝朓爲吏部尚書。沈約與之書云，二百年來無此作也。若韓文公迨今何止二百年耶。前後名公詩話至今博洽之士，莫不以歐公之言爲信，而荊公之詩爲誤，不知荊公所用之事，乃見孫樵上韓退之吏部書，二百年來無此文也。歐公知其一而不知其二，故介甫嘗曰，歐公坐讀書未博耳。雖然荊公亦有強辯處，嘗有詩云：「黃昏風雨滿園林，殘菊飄零滿地金」。歐公見而戲之曰：「秋英不比春花落，傳語詩人仔細吟」。荊公聞之曰：永叔獨不見楚辭：夕餐秋菊之落英耶！殊不知楚辭雖有落英之語，特寓意朝夕二字，言陰陽之精蕊，動以春靜自潤澤爾。所謂落英者，非飄零滿地之謂也。夫百卉皆彫落，獨菊花枝上枯，雖童孺莫不知之。荊公作事動輒引經爲證，故新法之行，亦取合於周官之書，其大概類此爾。（卷一）

野客叢書：（宋·王楙撰）士有不遇，則託文見志。往往反物理以言，以見造化之不可測也。（論述楚辭：秋菊落英部份，錄於後。）本朝王荊公用殘菊飄零事蓋祖此意。歐公以詩譏之，荊公聞之以爲歐公不學之過。後人遂謂歐公之誤，而不知歐公意。蓋有在歐公博學一世，楚辭之事，顯然耳目之所接者，豈不知之。其所以爲是言者，蓋深譏荊公用落英事耳。以謂荊公得時行道，自三代以下，未見其比落英，反理之諭，似不應用。故曰：秋英不比春花落，爲報詩人仔細看。蓋欲荊公自觀物理而反之於正耳。（卷一）

甕牖閒評：（宋·袁文撰）歐陽文忠公評王介甫詩云：秋花不比春花落，憑仗詩人仔細吟。是固然也。然秋花獨菊不落，其他如木犀芙蓉之類者，則秋花豈盡不落耶。（卷七）

按：荊公殘菊詩云：「黃昏風雨打園林，殘菊飄零滿地金。攧得一枝猶好在，可憐公子惜花心」。（臨川全集卷三十四）

又按：「夕餐秋菊之落英」，此爲屈原離騷章「朝飲木蘭之墜露兮，夕餐秋菊之落英」。

屈原感慨而以楚辭離騷明志之，此二句乃輔上節之末兩句而言，「老冉冉其將至兮，恐修名之不立」。屈原自歎老之將至，憂國憂民，難紓報國救民之志。故求飲木蘭之墜露及秋菊之落英，而增強體力耳。魏文帝釋之云：「芳菊含乾坤之純和，體芬尊之淑氣。故屈原悲冉冉之將老，思餐秋菊之落英，輔身體延年莫斯之貴」。至於離騷所云秋菊之落英，是否與荊公之詩所云：殘菊飄零滿地金一句，有無引用關係，亦難予遽以定論。因此詩上句爲黃昏風雨打園林，不論律詩或絕句，上下兩句均有互相承引作用，既然上句有黃昏風雨打園林，狂風驟雨之後，秋菊花瓣未嘗不致被吹落耳，與尋常秋菊花枯而不落英又有不同矣。讀此首殘菊詩時更應注意下接兩句，尙有未被風雨摧殘猶好之一枝，而深得公子憐惜之。苟若此兩句另有其他影射，亦未可知也。因臨川全集未予註明撰作日期及注腳，是否影射他事，未敢臆測之。至於「他日若能窺孟子，終身何敢望韓公。」以及「秋英不比春花落，報與詩人仔細吟」。此四句不識出於何處，於歐陽文忠公全集及臨川全集，均未能檢獲，未知元祐黨人葉夢得等諸位碩儒，取材於何處，且此四句中文字亦或有不同，更令後世之人困惑之。荊公此首殘菊似應有感而作，應以常理讀之，而元祐黨人任取其中一句斷章取義，復以離騷強釋之，詆詖文忠公與荊公二位之清譽，混淆後世之聽，其居心何在，不言而喻矣。

文忠公與荊公二人亦師亦友，互敬互重，於荊公四次上文忠公書中，以及文忠公和荊公明妃曲而觀之，何言文字譏諷評議之有？元祐黨人自葉夢得之避暑錄話問世後，直至南宋百餘年之久，即以「謝朓、韓愈、落英」等喋喋不休，聒後人之耳矣。朱翌之猗覺寮雜記：以唐代孫樵與高錫望書而證之，應爲韓愈。吳曾之能改齋漫錄：引用蔡條所撰西清詩話顯有瑕疵，詩話對落英之「落」字，釋之爲始也。卻未如吳氏所云之尖銳。四庫全書提要考證：能改齋漫錄一書之內容，書中分事始辯誤事實沿襲地理議論……，共十三類，而諸本互有同異，或分卷各殊，或次序顚倒等等。復對吳曾其人亦有評語：秦檜當國，曾上所業得官……王士禎池北偶談以爲曾書多不滿王安石，顯文殆又襲黨人故智。陳鵠之耆舊續聞：將孫樵上韓愈之書而非與高錫望之書，孫樵雖曾遊於韓愈門下，據孫樵集卷五所載又有迥異之。復評荊公凡事動輒引經爲證，並譏新法之行，祖於周官等云云。王楙之野客叢書：於離騷之落英雖另作解釋，以失意之人表明忠誠清白之志，則依此諷刺荊公不識正反之理，何其謬也。至於袁文之甕牖閒評，則可言之曰：穿鑿不足，附會有餘矣。

綜觀臨川全集及荊公生平著述，未有一字一句對文忠公不敬之處，而元祐黨人無事生非，何以言之，何以辯之。文忠公贈荊公之詩，重點爲「後來誰與子爭先」。此乃前賢獎掖後進，激勵後輩發奮圖強，無他也。豈可將前朝吏部謝朓及韓愈二位先賢扯入政爭是非之圈內矣！如此翰林二字又如何解釋之？翰林學士又指何人歟？李白乎？唐宋兩代翰林學士曾作三千首詩，不知幾何人也，何其謬焉！謝朓及韓愈二位皆爲一代碩儒，後人無不欽佩之，猶以韓愈爲唐宋八大家之首，其道德文章文忠公亦敬重之，試將韓愈比作文忠公，又有何不妥歟？近人胡子明先生之楚辭研究第二篇「秋菊之落英」云：朝飲木蘭之墜露兮，夕餐秋菊之落英。「落英」對「墜露」，本爲極平常的意義，不成什麼問題，所以王逸之楚辭章句並未爲「落」字作注。到了宋卻偏有許多異說，這些異說彼此互相鈔襲，不避雷同。依胡氏之論，元祐黨人不惜杜撰，互相鈔襲，捏造事實，你呼我應，惡意攻訐荊公，何足信之矣。何足道之矣。（按：王逸爲五代後漢人）

附記：茲特將宋代對離騷「落英」之注釋記於下：

洪興祖・（南宋人）楚辭補注：秋花無自落者，當讀如「我落其實，而取其華」。華者爲材，落者爲摘。

姚寬・（南宋人）西溪叢話：英草榮而無實。宋書符瑞志沈約云：英葉也。言食秋菊之葉。據神農本草，草菊服之，輕身耐老。

吳仁傑・（南宋人）離騷草木疏：考「落」非隕落之落。爾雅釋詁云：俶落，權輿也。（蔡條之西清詩話亦如此云。）

羅大經・（南宋人）鶴林玉露：秋菊之落英，釋者云：落始也。如詩訪落之落謂初也。（費袞・南宋人，梁谿漫志亦如此云。）

李壁・（南宋人）王荊公詩注云：落英，乃是「桑之未落，華落色衰」之落，非必言花萎於地也。

至於王楙之野客叢書對離騷「落英」一句，論為屈原之借此明志也。頗有見地，惟其後段詆詖荊公不明事理，不識正反，此乃不脫元祐黨人之窠臼也。（上段已錄後段，特將此節前段補錄之。）

野客叢書：士有不遇，則託文見志。往往反物理以為言，以見造化之不可測也。屈原離騷曰：朝飲木蘭之墜露兮，夕餐秋菊之落英。原蓋借此以自諭，謂木蘭仰上而生，本無墜露，而有墜露。秋菊就枝而殞，本無落英，而有落英。物理之變則然。吾憔悴放浪於楚澤之間，固其宜也。異時賈誼過湘作賦，弔屈原有莫邪爲鈍之語。張平子思玄賦，有珍蕭艾於重笥兮，謂蕙芷之不香。此意正與二公同，皆所以自傷也。古人託物之意，大率如此。（卷一）

六、辨姦論及其他謗文：

荊公自創新法爲始，滿朝官宦無不連袂掣肘，處處留難，事事抗拒。然神宗矢志圖強奮發，銳意厲行新法，倚重荊公。掣肘之輩，見事不逮，奸計難逞，乃紛紛求去，諸如司馬光之流，避走洛陽。或被貶放如蘇軾昆仲，頗不乏人。此類失意之人，其心何甘。然專制時代，則不敢冒瀆君王，對神宗皇帝仍須恭而敬之，遂將滿腹怨懟報之荊公一身。捏造事實，蓄意詆毀，以訛傳訛，積非成是，混淆史實，蒙蔽後世，無所不用其極。元祐黨人後裔，承其口涎，相互鈔襲，一唱百和，相互印證。再加熙寧日錄被焚，事無對證，任由片面之詞，令後世不得不信耳。哀哉！梁任公撫卷長歎矣！茲將元祐黨人所撰各項文字錄於下：

後山叢談：（宋・陳師道撰）子曾子（曾鞏）初見神宗，上問曰：卿與王安石布衣之舊，安石如何？對曰：安石文學行義不減楊雄，然吝，所以不及古人。曰：安石輕富貴，非吝也。對曰：非此之謂也，安石於有爲吝於改過。上頷之。（卷二）

何氏語林：（明・何良俊撰）曾子固與王荊公友善，後神宗以問子固云：卿與王安石相知最早，安石果如何？子固曰：安石文章行誼不減楊雄，以吝故不及。神宗遽曰：安石輕富貴似不吝也。子固曰：臣所謂吝者，以安石勇於有爲，吝於改過耳。神宗頷之。（卷十八）

道山清話：（宋·王暐撰）唐子方爲人剛直，既參大政，與介甫議事每不協，嘗與介甫議殺人傷者，許首服以律案問免死。爭於裕陵（神宗）之前，介甫強辯，上主其議，子方不勝憤懣。對上前謂介甫曰：安石行乖學僻，其實不曉，今與之造化之柄，其誤天下蒼生必矣。上以先朝遺臣，驟加登用，亦不之罪。既而子方疽背而死，方病革，車駕幸其第，以臨問之。子方已昏不知人，忽聞上至，開目而言曰：願陛下早覺悟，可惜祖宗社稷，教安石壞之。上首肯之。（僅一卷）

老學庵筆記：（宋·陸游撰）王荊公作相，裁損宗室恩數，於是宗子相率馬首陳狀，訴云：均是宗廟子孫，且告相公，看祖宗面。荊公厲聲曰：祖宗親盡，亦須祧遷，何況賢輩。於是散去。（卷二）

按：明代陸深所撰儼山外集卷二十七有記此節，但註腳註明：見陸放翁老學庵筆記。惟同書卷一陸深又作另一相反說詞。錄於下：

何氏語林：（撰者同前）王荊公作相，裁減宗室恩數，宗子相率馬首陳狀之，均是宋朝子孫，那得不見子孫面。荊公厲聲曰：祖宗親盡，亦須祧遷，何況賢輩。於是皆散去。（卷五）

儼山外集：（明．陸深撰）王安石在熙寧間，裁減三室恩數，三學宗子鬨聚都下。俟安石入朝，擁馬以訴。安石徐下馬從容言曰：祖宗功德，服盡而祧，何況賢輩。於是宗子皆散，雖荊公一時應變之才，然其言不可廢也。（卷一）

陳師道之後山叢談，四庫全書提要云：有贋作之嫌，故其可信度不高（前段已述）。贋語，可信乎？孰不可信乎？神宗倚重荊公視同股肱，無庸置疑。曾鞏自滄州右遷回京，神宗何以輕言訊及當朝宰相之語耶！曾鞏何能又詆譭當朝宰相歟！於情於理，皆難令人置信之矣。況曾鞏與荊公爲貧賤之交，荊公得游於歐陽文忠公門下，尙爲曾鞏之引薦，二人雖無總角之好，卻有刎頸之交。且曾鞏回京僅爲中書舍人，荊公亦爲當朝宰相，何致如此放肆，如此有悖情理之言，竟然贋作之。曾鞏亦爲進士及第，飽讀詩書，豈會賣友求榮歟？況未必求得榮也。故南宋陸游於老學庵筆記考證認定有贋作之嫌。而洪邁則稱此書文筆高潔，必傳於後世，未云他人贋託之。書中尙有詆詖蘇舜欽等事項，應非碩儒所爲也。

至於道山清話一書，經四庫全書提要考證云：道山清話一卷，不著撰人名氏。說郛摘其數條，刻之題曰：宋王暐案書，未有暐跋語。……成書於徽宗時，中頗詆王安石之姦。於伊川程子及劉摯亦不甚滿。惟記蘇、黃、晁、張交際議論特詳，其爲蜀黨中人，均可見。文中所提及唐子方之事，唐本名爲唐介，字子方。唐介於專制帝王時代，膽敢於金鑾殿上大肆咆哮，不畏頭顱落地耶！王某所言情節，乖舛事理，實難令人苟同。辭典記載：神宗主其事，而不直其言，氣憤背疽而死。唐介爲嘉祐老臣，歷經嘉祐、治平而至熙寧，三朝元老，未治其罪，可謂慶幸矣。於此更可證明神宗對荊公倚重之殷矣。

陸游之老學庵筆記經四庫全書提要云：惟以其祖陸佃爲王安石客，所作埤雅多引字說，故於字說無貶詞，於安石亦無譏語。然陸氏老學庵筆記中對荊公裁損宗室恩數之記載卻不禮善，陸游之祖爲陸佃，其父爲陸宰，佃爲荊公之門生，惟不附新法，荊公任其於經義，而不任於新法。然佃仍忠於荊公。陸氏撰述此節未識取材何處？北宋稗史未見有此撰記，頗有疑問。明代陸深將陸游所撰，記於儼山外集卷二十七，而於卷一中卻又另撰述一節。裁損宗室恩數情況一致，而荊公處事語態，則截然不同矣。亦不知源自何處歟。陸深復引用蘇轍上神宗書略，論及裁損宗室一案。共六百五十言，可見宗室恩數之重，朝廷難於負荷，荊公裁損宗室恩數，未必謬誤也。陸深復於刊後，並加跋志云：「斯亦天下之公議也，固當不以人廢。」茲將蘇轍上神宗書摘錄於下：

蘇轍上神宗書：……臣聞三代之間，公族有以親未絕而列於庶人者，兩漢之法。帝之子爲王，王之庶子猶有爲侯者，自侯以降，則庶子無復爵土。蓋有去而爲民者，有自爲民而復仕於朝，至唐亦然。……然臣觀朝廷之議，未嘗敢有及此何也？以宗室之親，而布之於四方，懼其啓姦人之心，而生意外之變也。臣切以爲不然。……（儼山外集　卷二十八；欒城集　卷二十一）

按：上神宗皇帝書於欒城集卷二十一中刊之，共六千九百六十八言，皆爲反對新法，惟未有詆詖荊公，蘇轍較其兄有學養也。

再論明代何良俊之何氏語林，其所記荊公之事蹟，皆以抄襲南宋元祐黨人之揑造文字，冒充已撰，拾人牙慧，沾沾自喜，眞恬不知恥也。承襲南宋邵博聞見後錄之故技，文字照抄不誤，事蹟如出一轍，卑劣之文丑也。元祐黨人至所詆譭荆公，尙有讎恨可言，而何某與元祐黨人毫無瓜葛，與荆公亦無恩怨，豈能如此耶！依明史卷二百八十七文徵明傳後附，言及何某生平，其雖苦學仍不及其弟，其弟良傅已高中進士，而其久困場屋，歲貢入國學，因此深知何某智慧及人品均不高矣。何氏語林中尙及荆公之女蔡卞之妻七夫人涉及國事之言，令人嗤之以鼻，不信何某曾伏於七夫人閨房牙床之下，竊聽蔡氏伉儷商討國事，否則時隔數百年之久，安能言之歷歷如繪耶！此豈可列爲碩儒之流，明史竟爲之列傳，慚愧！慚愧！荒唐！荒唐！

何氏語林：（撰者同前）蔡卞妻七夫人是荆公女，頗知書，能詩詞。蔡某每有國事先謀之床第，然後宣於堂廟。時執政相語曰：吾輩每日奉行者，皆咳唾之餘也。蔡拜右相，家宴張樂，伶人揚言曰：右丞今日大拜，都在夫人裙帶，中外傳以爲笑。（卷二十八）

清波雜志：（宋·周煇）蔡卞之妻王夫人，頗知書，能詩詞。蔡每有國事先謀之於床第，然後宣之於廟堂。時執政相語曰：吾輩每日奉行者，皆其咳唾之餘也。蔡拜右相，家宴張樂，伶人揚言曰：右丞今日大拜，都是夫人裙帶。譏其官職，自妻而致，中外傳以爲笑。（卷三）

元祐黨人於北宋末年所撰攻訐荊公文字，僅係歪曲事實，亦屬不該。然至南宋，愈變愈劇，已成無中生有，與史實相距日遠矣。如荊公衣領爬虱、鬍鬚有虱、面帶污垢等等無稽論述，豈可信乎？試問當朝一品宰相，一人之下，千萬人之上，果眞如此耶？此皆元祐黨人故意揑造事實而誹謗荊公也。明清文人，不察事理，不辨是非，剽竊元祐黨人文字，悄悄得意，竊竊自喜，編訂成卷，留於後世，自以爲千古不朽之鉅著也。荒唐！文抄公寧不知慚愧耶？後世之人代爲慚愧之！

唐宋以降，尊崇孔孟儒學，講究仁義，言必堯舜。元祐黨人無不飽讀孔孟學說，高論儒學之道，卻罔顧儒家仁義之言。「夫子之道，忠恕而已矣。」則抛之於腦後，妄以文字誹謗他人，反振振有詞，理直氣壯，視其當然。以上諸節誹謗文字，尙不足令人驚駭，其對荊公所作攻訐文字，似有若無，似是而非。瑣瑣碎碎，無足輕重，未必使人深信之，有識之士則視爲無聊幼稚也。此輩南宋元祐黨人僅可視爲小巫而已。大巫尙隱於幕後，揑造文字始祖元祐長老「邵伯溫」者，後期元祐黨人何足以比之也。邵伯溫卑劣狠毒行徑，誠非後世之人所能想像之。邵某於其所撰「聞見錄」中卷十二，揑造「辨姦論」一篇，並假借蘇洵之名，而攻訐荊公，適因蘇洵二子軾與轍均抗拒新法，敵視荊公，以蘇洵之名贋撰之，迫使後人不得不信耳。邵某居心叵測，於文前加有敘引，文後加有跋論，誠可言之天衣無縫，因而矇蔽後世千年矣！毫無破綻可言也。再者邵某爲洛黨之徒，而蘇軾爲蜀黨之首，以蘇洵之名贋撰之，即可詆詖荊公，復又可陷蘇洵父子於不義，誠可謂一石兩鳥也。蘇洵爲一代碩儒，品行正直，謝世於英宗治平三年，是時新法尚未施行，荊公與蘇洵未生瓜葛，蘇洵何有撰文攻訐荊公之理乎。茲將邵某所撰辨姦論之前序及後跋分錄於下：

前敘：眉山蘇明允（洵字，又號老泉）先生嘉祐初，遊京師時，王荊公始盛，黨與傾一時，歐陽文忠公亦善之，先生文忠公客也，文忠公勸先生見荊公，荊公亦願交先生。先生曰：吾知其人矣，是不近人情者，鮮不爲天下患，作辨姦論一篇，爲荊公發也。（卷十二）

辨姦論一文經清代李紱（臨川人，康熙年間進士）考證之，於其所撰「穆堂初稿」中，

「讀辨姦論後」一文，證實辨姦論一篇爲邵某所作贋品，此外尚有「張方平爲蘇洵所作墓誌銘」及「蘇軾謝張方平書」等三篇，均爲邵某所贋作之。特將辨姦論一篇雜入其中，而爲相互印證，令後世之人則深信不疑矣。李紱爲求證其僞，多方蒐集資料，蒐得「明嘉靖壬申年太原張鏜翻印灃南王公家藏之孤本」。書名「蘇明允嘉祐集」，僅十五卷。與當時市間之二十卷老泉集頗有不同，除卷數差五卷外，最重要是書中卻短少「辨姦論」此篇文章。復於清代嘉慶年間，金谿蔡上翔（元鳳）殫畢生精力，編纂荊公年譜考略，於自序中言：經考證亦無辨姦論一文之事。乾隆時編纂四庫全書，詳細考證蘇洵撰著而採用嘉祐集，因此可斷言辨姦論一文確非蘇洵所撰之。嘉祐集現編入四庫全書集部之中。李紱再蒐集張方平生平著述（張字安道，南京人，熙寧進士），其撰著「樂全集」中，未見代撰「蘇洵墓誌銘」一文。蘇東坡全集中亦未見「謝張方平一書」，如是辨姦論一文則爲邵伯溫贋作而無疑矣。

蓋蘇洵於嘉祐年初攜二子軾與轍入京，蘇軾於嘉祐元年舉進士，自嘉祐元年至治平三年蘇洵謝世，共十年之久。而荊公於嘉祐五年五月至八年八月在京任知制誥，僅三年而已（依王荊公年譜計算）。此三年中，歐陽文中公曾兩度出使契丹，在京時日不多（依歐陽文忠公年譜計算）。蘇洵何能知其如此之詳耶！荊公在京之時，屢屢求外放，不求館職，不貪戀京中榮祿浮華，蘇洵又何能言其姦矣！邵某所言，荊公與蘇洵相聚於歐陽文忠公處爲嘉祐初年，嘉祐年號共有八年，「初年」應在嘉祐四年以前，蘇洵何能與荊公相聚之有？元年荊公任舒州群牧判官，二年三年知常州，四年提點江東刑獄，此四年中荊公均未在京，邵某之謊言不攻自破矣！邵某何須贋撰之舉，其目的何在，頗令後世之人不解矣。

緣因熙寧之初，新法肇始，司馬光、呂公著、富弼等抗拒新法，群而避居洛陽邵某之父邵雍處，計十六年之久。彼此交往甚密，邵某自幼耳濡目染，受司馬光等流言所蠱惑，再爲程頤昆仲等蜚語之略誘。復其品德有欠光明磊落，未克鑑別是非，才高於德而淪爲洛黨之徒矣。特贋撰「辨姦論」一文表示效忠元祐黨人，即可攻訐荊公又可玩弄後世，復可顯露其才華也。

邵某爲使後人深信辨姦論一文非爲贋品，特假蘇洵所撰管仲論中之詞句，「豎刁、易牙、開方」套用於辨姦論中，如此後人不信亦得信之，居心不爲不奸險狠毒，確非常人可比之矣。然其破綻之處，亦就在此耳！名家撰述，立論著說，切忌雷同及重復引用，如此腹中經綸枯竭已到江郎才盡之感，此非邵某始料所及也。蘇洵年至二十七發憤再予苦讀，其品德學養自有修爲，豈能誹謗他人而無益於己之舉，自損其道德文章耶！邵某復再跋曰，更將其破綻曝露無遺。與司馬光等之狼狽，均顯現於字裡行間矣。錄於下：

跋曰：……數十餘年，荆公始得位，爲姦無不如先生言者。呂獻可（呂誨字）中丞公，於熙寧初荆公拜知政參事日，力言其奸。每指荆公曰：亂天下者，必此人也。又曰：天下本無事，庸人自擾之耳。司馬溫公初以爲不然，至荆公虐民亂政，溫公乃深言於上不從，不拜樞密副使以去。又貽荆公三書（三書於第三段摘重點已錄），甚苦冀荆公之或從也，荆公不從乃絕之。溫公悵然曰：呂獻可之先見，余不及也。若曰：明允先生其知荆公又在獻可之前十年矣。豈溫公不見辨姦也，獨張文定公（張方平）表先生墓誌具載之。（辨姦論刊於聞見錄卷十二外，并刊於古文觀止卷四，文長略之）

邵某之贋撰辨姦論，貽禍匪淺，不獨惡意攻訐荆公。並損及蘇洵之清譽。蘇洵於熙寧之先治平三年業已謝世，未參預新法，更與元祐黨人無涉。邵某復又因洛黨與蜀黨之爭，而將洵扯入是非圈內，冤哉！枉也！卒使後人誤認蘇洵其爲尖酸刻薄之寒士，評其爲戰國策士有餘。足以誤導神宗爲昏瞶無能之君王也。因此一文而貽禍千年矣。史書評曰：神宗發奮興國，勵治圖強，惟操之過急，廢逐元老，擯斥諫士，遂使天下囂然。欲取寧夏，滅西羌皆不成矣。再依宋史言，神宗登基之初，即任荆公創立新法。改制圖強，新法創立之主導者則爲神宗而非荆公。廢逐元老，擯斥諫士之責，應科之於神宗，元祐黨人豈可怨恨荆公歟？司馬光乃深言於上不從，神宗既然不從。司馬光臨行復與荊公三書，強要荊公廢止新法，荊公豈可詔令神宗耶？荊公非不從也，實不能也，豈不是令荊公挾泰山以朝北海耶！邵某僞撰此文非對事而對人也。乃惡意攻訐荊公也。邵某已貽禍後世匪淺，其子猶恐不足，復於聞見後錄相繼倡和之。誠所謂父不賢子何肖矣。

聞見後錄：（宋・邵博撰）英宗實錄：蘇洵卒，其子蘇軾辭贈銀絹，求贈官，故贈洵爲光祿寺丞。與歐陽公之誌，天子聞而哀之時，賜光祿寺丞不同，或云：實錄荊公書也。又書：洵機衡論策，文甚美，然大抵兵謀權利機變之言也。蓋明允時荊公名已盛，明允獨不見，作辨姦論以刺之，故荊公不樂云。（卷十四）

此又一派胡言，英宗實錄不論如何，何人所書，其年代事實均不能吻合。英宗在位四年，年號治平，治平元年爲公元一零六四年，蘇洵於治平三年謝世。而荊公嘉祐八年（公元一零六三年）八月母喪丁憂回江寧，先一年即已離京，在京時日僅三年之短，與蘇洵何有瓜葛之言哉。又何須作辨姦論刺之，荊公何不樂之有矣。聞見錄跋云，「歎十餘年，荊公始得位，爲姦無不如先生言者。」試問蘇洵於治平三年即公元一零六六年謝世，「十餘年」應在公元一零五五年之前，據推算應爲仁宗皇祐年間之事，荊公尙官居舒州從未在京。至和二年後改元嘉祐，蘇洵於嘉祐初年始攜軾與轍進京，蘇洵何能見之？又何能識其奸歟？又何能撰辨姦論歟？如此其疑問自然解之矣。至於蘇洵上歐陽文忠公之「權書論衡」一文，亦非聞見後錄所云「機衡論策」也。其上書時間應在嘉祐初年蘇洵初至京師之時，此時荊公尙在江南，豈可能見此文，又何能論及「兵謀權利機變」之言哉？再言「作辨姦論以刺之」。此乃爲無稽之言，純爲附和乃父聞見錄而言也。嗚呼！有其父必有其子，上樑不正下樑何正之有乎？諺曰：才高於德者，小人。上行下效，又何足責之矣。

辨姦論一文，迨至元祐之後，吠影吠聲，同聲和之，不知幾何人也。如葉夢得之避暑錄話，方勺之泊宅記，朱熹之五朝名臣言行錄，胡仔之苕溪漁隱叢話後集等均特轉載「辨姦論」一文。因此以訛傳訛，積非成是，迫使後人不得不信荊公之奸耶！按朱熹爲一代理學宗師，創立「考亭學派」，考亭學派主旨爲「格物致知」，講求心誠意正，修齊治平之道。對辨姦論一文，不予考證，不求致知。輕率錄於五朝名臣言行錄中。固因受業於程頤之門，豈可淪爲元祐之徒耶！其格何物，其致何知，其何能授業傳道解惑，稱一代宗師耶！其與陸象山相辯理學於鵝湖，立論可使人信耶！明代王守仁所作「大學古本旁註」云：『致知：致吾心之良知也；格物：格正事物也。心者：身之主意者。心之發知者，意之體物者。……』王守仁氏所論實一針見血耶！至於方勺之泊宅記所載更玄，閱後可令人頭暈目眩。反是葉夢得之避暑錄話，雖對辨姦論一文記載不實，對荊公之儀容生活則有平實記錄之，爲其可取之處也。茲將避暑錄話及泊宅記分別摘錄於下：

> **避暑錄話**：嘉祐初來京師，一時推其文章，王荊公爲知制誥，方談經術，獨不嘉之，屢詆于眾，以故明允惡荊公甚于仇讎。會張安道（張方平）亦爲荊公所排，二人素相善。明允作辨姦一篇，密獻安道，以荊公比王衍、盧杞，而不以示歐文忠，荊公後微聞之，因不樂子瞻兄弟，兩家之隙，遂不可解。辨姦久不出，元豐間子由從安道辟南京，請爲明允墓表特全載之。蘇氏亦不入石，比年少傳于世。荊公性固簡率，而謂之食狗彘之食。囚首喪面者，亦不至是也。（卷上）

葉氏所言瑕疵頗多，蘇洵攜二子至京師應是至和元年或二年，非爲嘉祐初年，蘇軾昆仲嘉祐元年高中進士。其次則荊公對蘇軾及蘇轍二人奇善，荊公稱蘇軾爲「人之龍也」，而擢拔小臣以蘇轍爲第一位，何言不樂其兄弟二人矣。再言，荊公在京爲知制誥於嘉祐五年五月以後，與邵伯溫之聞見錄所言：「歎十餘年」又不符矣。蘇洵謝世距嘉祐五年僅六年而已。

且葉、邵二人同為元祐年間同時代之人彼此都無法相吻合，令後人何能信之也。張方平一節業經清代李紱考證為虛構不實，無庸解釋之。

泊宅記：（宋·方勺撰）公（指歐陽修）在翰苑常飯客，客去獨老泉少留，謂公曰：適坐有囚首喪面者何人？公曰：王介甫也。文士之行，子不聞之乎。洵曰：以某觀之，此人異時必亂天下，使其得志立朝，雖聰明之主亦將為其誑惑，內翰何為與之游乎。洵退，於是作辨姦論行於世。是時介甫方作館職，而明允猶布衣也。（卷上）

方勺所言歐陽文忠公之飯客時間，應為嘉祐五年至八年間，荊公任知制誥之時，此點較邵伯溫之聞見錄所言「歎十餘年」之語，年代有差。然與聞見錄及避暑錄話等，則又不相符矣。荊公已為知制誥，為朝廷命官，苟若不修儀容，何致囚首喪面。泊宅記中指明荊公囚首喪面並加註腳，有識之士均不會信之。況避暑錄話亦言：「亦不致是也」。方勺何有此言，乃為抄錄辨姦論也。其文：「今也不然，衣臣虜之衣，食犬彘之食，囚首喪面，而談詩書，此豈其情也哉」。元祐黨人相互抄襲，不避雷同，不以為恥，故以不足為怪矣。再假言荊公與蘇洵於文忠公處飯客為眞，其飯局中共有幾人，另有何人等等，姑且不論。荊公已為朝廷命官，蘇洵進京已有五年以上且爲布衣，焉有不識荊公之理乎？實有悖情理，若荊公不識蘇洵則可言之爲常理也。文忠公何不爲蘇洵引見在座諸公，飯局之中，互不相識，默無一語，成何體統，且失禮儀，文忠公豈不是老糊塗耶！泊宅記經四庫全書提要考證云：「……元祐中蘇軾刺杭州，値省試，嘗以勺名薦送，勺遂游於軾之門。……勺既爲軾弟子，於王安石、張商英輩皆有不滿之詞。宗澤爲其鄉里，而徽宗時功名未盛，故勺頗譏其好殺，是非未必盡然。……」方勺撰此則筆記，明顯拾「聞見錄」牙慧，且又畫蛇添足，擅增飯局一節，以示見多識廣，卻反巧成拙，貽笑大方。方勺不獨抄襲此節外，並又將聞見中錄後跋中之呂誨、司馬光等疵議荊公之語，拼湊一節，竊爲己撰。云：「……荊公新入政府，其所欲變更之事未陋著。而獻可排之甚力，然其辭不過曰：外示朴野，中懷險詐，學孔孟慕管商而已。當時溫公亦以獻可言之之過也。」（泊宅記卷上）文士剽竊他人文字，實可鄙也。

另邵伯溫於聞見錄撰云：荊公與司馬光不睦，誣荊公胸襟狹窄，反言司馬光謙虛寬厚不實之論。茲摘錄於下：

聞見錄：……伯溫竊謂：荊公聞溫公入相，則曰：司馬十二作相矣。蓋二公素相善，荊公以行新法作相，溫公以不行新法辭樞密使，反復辯論三書而後絕，荊公知溫公長者不修怨也。王荆公薨，溫公在病中告聞之簡，呂申公曰：介甫無他，但執拗耳，贈卹之典宜厚大哉。溫公之盛德不可及矣。（卷十二）

依邵某之言，「溫公之盛德不可及矣」。試問，司馬光所撰之涑水記聞卷十六，全卷文字將荆公攻訐無一是處。如：「王介甫引用新進資淺者，多借以官司爲己盡力」。「介甫用事，坐違忤，斥逐者」。「介甫數以古義爭公事，其言迂闊」。「介甫作新法爲民害，呂惠卿朋黨奸邪」！等等不一而足，蓄意詆毀荆公。當然確未如邵某所贗撰聞見錄之潑婦罵街較有盛德多矣。至於邵某再言：司馬光相辯三書而後絕之。該三書實乃強令荆公廢止新法，以遂其願，其願不遂，乃以絕之。反之荆公答司馬光之書，文詞謙和有禮，實有儒者之風也。

茲分別摘錄於下：

司馬光致荆公書：光近蒙聖恩過聽，欲使之副貳樞府，光竊惟居高位者，不可以無功。受大恩者，不可以不報。故輒敢申明去歲之論，進當今之急務，乞罷制置三司條例司，及追還諸路提要、常平、廣惠、倉使者，主上以介甫爲心，未肯俯從。光竊念主上親重介甫，中外群臣，無能及者，動靜取捨，惟介甫之爲信，介甫曰可罷，則天下咸被其澤；曰不可罷，則天下之人咸被害。方今生民之憂樂，國家之安危，惟繫介甫之一言，介甫何忍必遂己意，而不卹乎？夫人誰無過，君子之過，如日月之食；過也，人皆見之；更也，人皆仰之；何損於明？介甫誠能進一言於主上，請罷條例司，追還常平使者，則國家太平之業，皆復其舊，而介甫改過從善之美，愈光大於日前矣！於介甫何所虧喪，而固不移？（書一，餘書二較短已摘錄於前，第三節）

與王介甫書三：至於闢邪說，難壬人，果能如是，乃國家生民之福也。但恐介甫之座，日相與變法而講利者，邪說壬人，爲不少矣！彼頌德贊功，希意迎合者，皆是也。介甫偶未之察耳！……蓋盤庚遇水災而遷都，臣民有從者，有違者，盤庚不忍脅以威刑，故勤勞曉解；其卒也，皆化而從之。非謂廢棄天下人之言，而獨行己志也。光豈勸介甫以不卹國事，而同俗自媚哉？蓋天下異同之議，亦當少垂意采察而已。

荊公答司馬諫議書：某啓，昨日蒙教，竊以爲與君實游處相好之日久，而議事每不合，所操之術多異故也。雖欲強聒，終必不蒙見察，故略上報，不復一一自辯，重念蒙君實視遇厚，於反覆不宜鹵莽，故今具道所以，冀君實或見恕也。蓋儒者所爭尤在於名實，名實已明，而天下之理得矣。今君實所以見教者，以爲侵官生事征利拒諫以致天下怨謗也。某則以謂受命於人主，議法度而修之於朝廷，以授之於有司，不爲侵官。舉先王之政，以興利除弊，不爲生事。爲天下理財，不爲征利。闢邪說，難壬人，不爲拒諫。至於怨誹之多，則固前知其如此也。人習於苟且非一日，士大夫多以不卹國事，同俗自媚於衆爲善，上乃欲變此，而某不量敵之衆寡，欲出力助上以抗之。則衆何爲而不洶洶然。盤庚之遷，胥怨者民也，非特朝廷士大夫而已。盤庚不爲怨者故改其度，度義而後動，是而不見可悔故也。如君實責我以在位久，未能助上大有爲以膏澤斯民，則某知罪矣。如曰：今日當一切不事事，守前所爲而已，則非某之所敢知。無由會晤，不任區區向往之至。（臨川全集卷七十三）

聞見錄跋曰：「至荊公虐民亂政，溫公乃深於上不從，不拜樞密副使以去。又貽荊公三書，甚苦冀荊公之從也。」新法之施行，主導者乃爲神宗。司馬光既向神宗表示新法有虐民亂政之虞，神宗不從，卻反苛求荊公廢止新法，其理安何？豈有人臣強令君主歟！其書一中亦言：「主上以介甫爲心，未肯俯從。」神宗以荊公爲心，乃爲倚荊公創制新法耳。神宗之與荊公乃爲劉備之與諸葛亮，非爲後主劉禪之與諸葛亮也，司馬光何不識事如此耶！貽三書予荊公，即貽三十書予荊公又有何用，規畫之臣焉能強令決策之君廢止新法乎？司馬光不拜樞密使爲熙寧三年，是年荊公爲知政參事，雖未爲左僕射，同僚之間書信往返，言詞應求謙和婉轉。如司馬光書一之言詞不獨咄咄逼人，且有咄嗟立辨之態，未免有失儒者之風範也。君之與臣，父之與子，亦未必能如此耶！況爲同僚乎？荊公有豪氣，有傲骨者，豈能俯首而受之矣。然荊公答書，言詞謙和。婉轉解釋，實乃不卑不亢儒雅長者之風也。何如邵伯溫之聞見錄乃黑白顛倒矣。南宋吳曾之能改齋漫錄云：荊公與司馬光二位郊賚之事而爭之，神宗乃以親自主持，孰是孰非亦足佐證邵伯溫之言，有扭曲事實之嫌。茲摘錄於下：

能改齋漫錄：熙寧元年，兩府辭郊賜。（荊公以爲兩府郊賚不多，主張不減。司馬光言國用窘竭，主減。文長略之）荊公曰：窘乏非今日之急，得善理財者，何患不富。文正公曰（司馬光卒後謚文正公）：善理財者不過浚民之膏血耳。神宗令，且爲不允，詔會荊公當直，遂以荊公之意。（卷十三，宋史三百三十六，列傳九十五，司馬光傳中亦記之。）

據能改齋漫錄之記，荊公與司馬光二位爭執之事，並非治國之大計，僅爲郊賚經費裁減與否，二位各紓己見，無可厚非，荊公所言未必不當，國家窘乏豈在於此，可另闢財源爲之。司馬光何口出此惡毒語句，「不過浚民膏血」，此豈乃碩儒所爲也，如此與潑婦罵街何有異之。荊公之言實在對事，而司馬光之言則在對人，是非涇渭不言而喻矣！然歐陽文忠公之歸田錄未對任何人有所疵議，此乃君子之風範也。聞見錄僞撰辨姦論一文，邵伯溫於徽宗時，方入宦途，神宗之時尚隨乃父邵雍及司馬光等困居洛陽，又何知悉文忠公以及荊公、蘇洵等相會，即使蘇洵撰作辨姦論一事何可知之。況且嘉祐初年至元祐之時已達三十年之久，邵某有無出世尚未可知也。邵伯溫父子廁身黨錮之中，令後世之人不敢恭維之。

北宋自范呂之爭，旋即濮議之爭，繼之新法之爭，黨錮之禍，根深蒂固。元祐黨禍綿延三百年之久，肆意攻訐荊公及新法，南宋雖亡，後代之人受稗史蠱惑，閱而不察，隨聲附和鼓噪之。南宋洪咨夔（寧宗嘉定進士）作七律一首，繼而元代韋居安於其梅澗詩話大舞筆墨耶！

梅澗詩話：荊公行青苗免役法，引用一等小人，天下爲害，卒召六十年靖康。洪平齋（洪咨夔之平齋詩集）有詩云：「君臣一德盛熙寧，厭故趨新用六經。但怪畫圖來鄭俠，何期奏議出唐坰。掌中大地山河舞，舌底中原草木腥。養成禍胎身始去，依然鍾阜向人青。」此詩五十六字史論。近人李石山振龍題荊公定林庵一聯云：「誰來此地成南

渡，所謂伊人在此山」。（卷上）

註：鄭俠，字介夫，福州福清人，治平中隨文官江寧，閉戶著學。王安石知其名，邀與相見，稱獎之。進士高第調光州司法參軍，但不附新法。（宋史卷三百二十一，列傳八十）

唐坰，以父得官，熙寧初上書云：秦二世制於趙高，乃失之弱，非失之彊等云。（宋史三百二十七，列傳八十六）

試問：依此首七律及楹聯而言，其依據何在？豈可傳於後世，即無是非，又無主見，人云亦云耳！苟言北宋有靖康之變，在於新法。南宋之淪亡責又在何人歟？況此楹聯對仗極不工整，「此地」對「伊人」「南渡」豈可對「此山」，竟敢懸之於壁，載之於書，誠貽笑千古矣。

七、荊公修為：

侯鯖錄：（宋・趙令時，字德麟）王介甫詭詐不通，外除自金陵過楊州。劉原父（敞）作守，以州禮邀之，遂留。方營妓列庭下，介甫作色，不肯就坐，原父辯論久之，遂去營妓。顧介甫曰：燒車與船，延之上座。（卷二）

荊公生平勤儉，律己甚嚴，不貪貨財，不愛女色。卻不為元祐黨人之尊敬，反作為攻訐之口實。然元祐黨人品德奢靡，浪費公帑，視為當然，宋代政治不修明，官吏皆沈湎聲色犬馬，公務任令廢弛，焉有強盛之理乎？荊公清白自守，罷相後，神宗予以賞賜，趙某復又揑造事實詆詼之，何天理之有也。而北宋葉夢得之石林燕話對此事相反之記載。茲分別摘錄於后：

侯鯖錄：（撰者同前）元豐末，有以王介甫罷相歸金陵後，資用不足，達裕陵（神宗）睿聽者，上即遣使以黃金二百兩就賜之。介甫初喜，意召己，既知賜金不悅，即不受，舉送蔣山修寺，為朝廷祈福，裕陵聞之不喜。……（卷三）

石林燕話：王荆公在金陵，神宗嘗遣內侍凌文炳傳宣問。因賜金二百，荆公望闕拜受，跪已語文炳曰：安石閒居無所用。即庭下發封，顧使臣曰，送蔣山置田，祝延聖壽。……（卷十）

荆公非如齊宣王。寡人有疾，寡人好貨。寡人有疾，寡人好色。荆公爲當朝一品宰相，不愛貨財又不愛女色，歷代朝廷重臣亙古少有之。罷相歸來，竟然資用不足，更可證荆公爲官清廉，神宗方能賜巨金耳。荆公特將所賜巨金捐贈寺廟爲朝廷祈福，爲神宗延壽。如此更證荆公不獨清廉如水，更赤膽忠心。既忠又廉，古今歷朝官宦果皆如此，則天下永久太平哉。一代元勳不愛貨財不愛女色，竟被喻之爲「詭詐」，天理何在焉？四庫全書考證云：『……趙令畤，燕王德昭元孫，元祐中僉潁川，公事坐，與蘇軾交，通罰金，入黨籍。……令畤雖因蘇軾入黨，而後附內侍譚稹以進，頗爲清譽。……令畤所遊處皆元祐勝流，耳濡目染，見聞自異諸所紀錄。……』依四庫全書考證云：趙某爲反覆爲常之小人也。其與葉夢得所撰石林燕話之記載，適得其反。石林燕話特提出押款人爲內侍凌文炳，其可信度應較侯鯖錄爲高矣。故趙某所撰侯鯖錄記載實不以信之，更不該留之於後世，混淆視聽，貽害匪淺也。魏泰之東軒筆錄，專以攻訐荆公爲樂事，惟於其筆錄中仍記載荆公罷相後之清貧恬靜生活，以度晚年。可言魏某之天良尚未泯滅殆盡矣。茲錄於后：

東軒筆錄：王荊公再罷政，以使相判金陵，到任即納節讓平章事，懇請賜允改左僕射，未幾又求宮觀累表得會靈觀使，築第於南門外七里，去蔣山亦七里，平日乘一驢，從數童遊諸山寺。欲入城，則乘小舫泛潮溝以行，蓋未嘗乘馬與肩輿也。所居之地，四無人家，其宅僅蔽風雨，又不設垣牆，望之若逆旅之舍。有勸設垣，輒不答。元豐被疾，奏捨此宅爲寺，有旨賜名報寧。既而荊公疾愈，稅城中屋以居，竟不復造屋。（卷十二）

荊公以朝廷一品命官，退職宰相，清貧若此，亙古僅此一人而已矣。荊公不以貧窮爲憂，反以爲樂，其塡之詞：菩薩蠻、漁家傲等闋中覩之，其樂融融，怡然自得，富有閒雲野鶴之趣也。茲錄漁家傲兩闋於后：

鐙火已收正月半，山南山北花撩亂，聞說洊亭新水漫。騎款段，穿雲入鳥尋遊伴。
卻拂僧床褰素幔，千巖萬壑春風暖，一弄松聲悲急管。吹夢斷。西看窗日猶嫌短。

（第一闋）

平岸小橋千嶂抱，柔藍一水縈花草，茅屋數間窗窈窕。塵不到，時時自有春風掃。

午枕覺來聞語鳥，欹眠似聽朝雞早，忽憶故人今總老。貪夢好，茫然忘卻邯鄲道。

（第二闋）

（臨川全集　卷三十七）

按：邯鄲道爲唐人小說，沈既濟撰，德宗時人。原名「邯鄲夢」，又名「枕中記」。詳太平廣記卷八十二中「呂翁」一則。其意爲貪戀榮華富貴，醒來竟是黃粱一夢，元代元曲大師馬致遠改編爲黃粱夢。

荆公罷相之後，偷得浮生半日閒，悠哉遊哉！從此不論人間是非，對朝廷綱紀不聞不問。以文字遊戲，消遣時光，未嘗不是平生一樂也。何如元祐黨人所言，欲求再爲相乎？試看與荆公同時代一批元祐黨人之作爲，足可比較之。優劣則又何如邪？茲分錄於后：

能改齋漫錄：（宋・吳曾撰）涼風響高樹，清露墜明河。誰謂夏夜短，已覺秋意多。豔膚麗華燭，皓齒揚清歌。臨觴不作意，奈此粲者何。翰林侍讀學士劉敞原父在永興軍作此詩也。葉少蘊（本名夢得）避暑錄話載之。且云：恨原父此病未除也。予後讀國史，原父本傳載原永興惑官妓，得驚瞀病，乃知此詩故不徒作也。（卷十一　避暑話錄中未檢獲此節。）

過庭錄：（宋・范公稱撰）劉貢父（攽）知長安妓茶嬌，以色慧稱。貢父惑之，事傳一時。貢父被召造朝，茶遠送之。貢父爲夜宴痛飲，有別詩曰：畫堂銀燭徹宵明，白玉佳人唱渭城。唱盡一杯須起舞，關山風月不勝情。至闋永叔直出道院，去城四十里迓貢父，貢父適病酒未起。貢父曰：自長安路中親識留飲，頗爲病酒。永叔戲之曰：非獨酒能病人茶亦能病人多矣。（僅一卷）

墨莊漫錄：（宋・張邦基撰）徐州有營妓「馬盼」者，甚慧麗，東坡守徐日其喜之。盼能學公書，得其彷彿。公嘗書黃樓賦未畢，盼竊效公書「山川開合」四字，公見之大喜，略爲潤色不復之。今碑中四字，則之書也。（卷三）

觀林詩話：（宋・吳聿撰）東坡在湖州，甲寅年與楊元素、張子野、陳令舉由苕霅泛舟至吳興，東坡、家尚出琵琶，并沈冲宅犀玉共三面胡琴，又州妓一姓周一姓邵，呼爲二南。子野賦六客辭，後子野、令舉、孝叔化去。惟東與元素公擇在爾。元素作詩寄坡云：『仙舟淤蕩霅溪風，三奏琵琶一艦紅。門望喜傳新政異，夢魂猶憶舊歡同。二南籍裡知誰在，六客堂中已半空。細問人間爲宰相，爭如願往水晶宮』。（僅一卷按：天池問盧杞願往水晶宮，願爲人間宰相。對曰：願爲人間宰相，遂不得仙，今吳興有水晶宮之稱。）

庚溪詩話：（宋・陳巖肖撰）東坡謫居齊安時，以文筆游戲三昧，齊安樂籍李宜者，色藝不下他妓，他妓因筵席中，有得詩曲者，宜以語納，不能有所請，人皆咎之。坡將移臨安，於飲餞處，宜哀鳴力請，坡半酣笑謂之曰「東坡居士文名久，何事無言及李宜。恰似西川杜工部，海棠雖好不吟詩」。（卷下）

春渚記聞：（宋・何薳撰）先生在黃日，每有燕集，醉墨淋漓，不惜與人。至於營妓供侍，扇書帶畫，亦時有之。有李琪者，小慧頗知書札，坡亦每顧之喜，終未嘗獲公之賜。至公移汝郡將祖行，酒酣奉觴再拜，取領巾乞書，公顧視之久，令琪磨硯墨濃，取筆大書云：「東坡七歲黃州住，何事無言及李琪」。即擲筆袖手與客笑談，坐客相謂語，似凡易文不終篇，何也？至將撤具，琪復拜請，坡大笑曰：幾忘。出場繼書云：「恰似西川杜工部，海棠雖好不留詩」。一座擊節盡醉而散。（卷六）

按：宋周煇所撰清波雜志卷五亦有此節，文字略有不同。「東坡在黃岡，每用官奴侑觴，群妓持紙乞歌詞，不違其意而予之。有李琦者，獨未蒙賜。一日有請，坡乘醉書：東坡五載黃州住，何事無言贈李琦。後句未續，移時乃以：卻似城南杜工部，海棠雖好不吟詩。足以獎飾，乃出諸人右，其人自此身價增重，殆類似子美詩中黃四娘。」以上三節，其人名亦有不同，爲「李宜、李琪、李琦」等。此乃互相抄襲，不避雷同也。蘇軾尙有風流韻事，續錄之於后：

墨莊漫錄：（撰者同前）東坡在杭州，一日遊西湖，坐孤山竹閣前，臨湖亭上時，二客皆有服預焉。久之，湖心有一綵舟漸近亭前，靚妝數人中有一人尤麗。方鼓箏年且三十餘，風韻嫻雅，綽有態度，二客競目送之，曲未終翩然而逝。公戲作長短句云：

『鳳凰山下雨初晴，水風清，晚霞明。一朵芙蓉、開過尚盈盈。何處飛來雙白鷺，如有意，慕娉婷。忽聞海上弄哀箏，苦含情，遣誰聽。煙斂雲收、依約是湘靈。欲待曲終尋問誰，人不瞞，數峰青。』（卷一）

按：以上漫錄所刊此闋長短句，詞牌名之爲「江城子」。東坡樂府卷一刊之，并註二客之一爲張先（子野）。清代御製詞譜卷二亦刊之。

蓋唐宋時代文人，無不迷戀女色。唐代恐以元稹爲最，宋代則以蘇軾爲首。如劉敞昆仲、蘇軾等沈湎女色，荒蕪公務，蠹食公帑，魚肉子民，則不謂之「詭詐」。反之，潔身自愛，從不二色之荊公則言之爲「詭詐」。趙令時之立論依據何在？天理安在耶！嗟夫！萬世終不能解矣。元祐黨人果眞如此無恥邪？蘇軾於杭州、湖州等均爲一郡之長，不獨冶遊召妓，而於西湖之上見有姿色婦女，竟吟江城子一闋，有悖儒學非禮毋言之訓也。如此輕佻，罔顧倫常，背棄職守。而元祐黨人竟以此爲風流倜儻，宋代焉有不亡之理乎？蘇軾等古今譽之爲一代碩儒，亦不過如此耳，實難令人折服之。邵伯溫之聞見錄無一字不在詆詖荊公，惟其奉承司馬光不二色時，順帶一筆言荊公亦不二色也。美言荊公爲此篇中，絕無僅有之。特錄於后：

聞見錄：王荊公知制誥，吳夫人爲買妾，荊公見之曰：何物女子。曰：夫人令執事。安石曰：汝誰氏。曰：妾之夫爲軍大將部，米運失舟，家資盡沒猶不足，又賣妾以償。公愀然曰：夫人用錢幾何得汝。曰：九十萬。公呼其夫，令其夫婦如初，盡以錢賜之。……（司馬光部份略之。）荊公、溫公不好聲色，不愛官職，不殖貨利。（卷十一）

按：南宋趙善燎（宋太宗七世孫）所撰自警編卷二中亦載之，與聞見錄是照鈔不誤，一字不差，略之。

司馬光不愛女色，或有可能。至於官職一節，因其與神宗勵行新法理念不合，不拜樞密使，而避之洛陽。不愛官職未必是其本意，後於元祐年間宣仁皇太后垂簾聽政時，復出爲相，盡革新法，不愛官職則難言之矣。惟不殖貨利一節，實難苟同。司馬光退居洛陽後，闢獨樂園一座，頗爲華麗壯觀。葉夢得之避暑錄話記之甚詳，邵伯溫之聞見錄卷十八略提之，其他尙有亦記之矣。茲分摘錄於后：

避暑錄話：司馬溫公作獨樂園，朝夕燕息其間，已而游嵩山疊石溪，而樂之。復買地于旁，以爲別館，然每至不過數日復歸，不能常有。故其詩有：「暫來還似客，歸去不成家」之句。今余既家於此，客至留連，未嘗不愛賞，顧戀不能去。而余浩然，自以爲主，有公之適，而無公之恨，豈不快哉。（卷上）

貴耳集：（宋・張端義撰）獨樂園司馬公居洛時建。東坡詩曰：青山在屋上，流水在屋下，中有五畝園，花竹秀而野。……（卷上）

按：此詩存于東坡集卷八，共一百三十言。蘇轍欒城集卷七中亦作一首，共一百九十六言。詩云：子嗟邱中親藝麻，邵平東陵親種瓜。公今歸去事農圃，亦種洛陽千本花。……

事實類苑：（宋・江少虞編）……蘇子瞻爲公獨樂園詩曰：先生獨何事，四海望陶冶。兒童誦君實，走卒知司馬。……按：此四句亦在前詩中。（卷八）

少室山房筆叢：（明・胡應麟撰）司馬溫公獨樂園之讀書堂，文史萬餘卷，率公晨夕所繙閱者，雖累數十年皆完好，若未觸手，嘗謂其子公休曰：賈豎藏貨貝，儒家惟此耳。（卷四）

孟子曰：獨樂樂，與人樂樂，孰樂。實不知司馬光於園中其樂何如？宋人（未署名）特繪獨樂園圖一幀，頗爲華麗壯觀，園內設有七景。此幅現仍存於臺北外雙溪故宮博物院內。（故宮博物院於七十六年十月出刊「園林特展圖錄」第十四頁刊之，并於該刊前序說明綦詳。）至於邵伯溫之聞見錄卷十八，所言頗爲含糊不清，一筆帶過，無非爲司馬光掩飾而已，實證其所言自相矛盾也。餘者之記僅供參考，然亦證明司馬光較荊公回江寧，三間茅屋，一頭毛驢之淡泊自守，甘貧樂道，差之遠矣！

荊公尊崇儒學，尚禮行義，事親至孝，母喪於江寧丁憂四年有餘。王應麟之困學記聞云：『荊公曰：古之善事親者，非事親之謂也，事其心而已。』（卷十）正如論語卷二爲政篇云：子游問孝：子曰：「今之孝者，是謂能養，至於犬馬，皆能有養，不敬何以別乎？」荊公持家樸實不奢，克勤克儉。處世擇善固執，守正不阿。待人恭謙秉禮，中庸之道。尚有各家筆記記之，茲錄於后：

獨醒雜誌：（宋·曾敏行撰）王荆公在相位，子婦之親蕭氏子至京師，因謁公，公約之飯。翌日蕭氏子盛服而往，意謂公必盛饌，日過午覺饑甚，而不敢離去。又久之方命坐，果蔬皆不具，其人心怪之。酒三行，初供胡餅兩枚，次供彘臠數四，頃刻供飯，傍置菜羹而已。蕭氏子頗驕縱，不復下著，惟啖胡餅中間少許，留其四邊，公自取食之。其人愧甚，退而人言，公在相位，自奉類不過如此耳。（卷二）

聞見錄：（撰者同前）司馬溫公嘗言：昔與王介甫同爲群牧司判官，包孝肅爲使時號清嚴。一日群牧司牡丹盛開，包公置酒賞之。公舉酒相勸，某素不喜酒，亦強飲，介甫終席不飲，包公不能強。某以此知其不屈。（卷十）

何氏語林：（撰者同前）司馬溫公言：昔與王介甫同爲郡牧判官。包孝肅（按：包拯，謝世後諡孝肅。時爲龍圖閣直學士，知開封府。）爲使號清嚴，一日牡丹盛開，包公置酒賞之。公舉杯相勸，其素不喜酒，亦強飲。介甫終席不飲，包公不能強也。以此知其不屈。（卷十八）

荊公讀聖賢書，行哲人事，事親至孝，自奉儉約，不貪口福，雖居爲宰相之位，尚可以胡餅爲食。包孝肅爲龍圖閣直學士之尊，而荊公尚爲郡牧判官之卑，仍守正不阿，不善飲酒則不強飲之。不爲威武所屈，更不諂媚從事，誠爲一代哲人耶！非如邵伯溫所撰辨姦論之言，囚首喪面而談詩書誹謗等語也。豈因尊奉聖旨，創制新法，革新朝綱，勇於擔當，遭元祐黨人數百年攻訐之，冤哉！冤哉！

荊公學貫古今，氣度恢宏，禮賢下士，頗有歐陽文忠公之遺風也。有才之人，憐才，愛才，惜才。對蘇軾昆仲二人優渥倍至，猶對蘇轍之提攜，荊公初設置三司條例司，首擢轍爲檢詳文字，荊公特拔新人自轍爲始（宋史卷三三九　蘇轍傳）。蘇氏兄弟不但未予回餽，竟然反噬。蘇轍於龍川略志尚未有露骨尖銳之文字，蘇軾則不然，處處詆詖之。茲將各家筆記摘錄於下：

墨莊漫錄：（撰者同前）王安石爲相，日奏事殿中，忽覺偏頭痛不可忍，遽上奏，請歸治疾。裕陵令且在中書偃臥，已而小黃門持一小金杯藥少許賜之云：左痛即灌右鼻，右即反之，左右俱痛並灌之。即時痛愈，明日入謝。上曰：禁中自太祖始，有此數十方，不傳人間，此其一也，因并賜此方之。蘇軾自黃州歸金陵，安石傳此方，用

之如神。……（卷五）

何氏語林：（撰者同前）荊公在蔣山，以近製示蘇子瞻，中有騷云：「積李兮縞夜，崇桃兮炫書」。子瞻曰：自屈宋沒後，曠千餘年無復離騷句法，今乃見之。荊公曰：非子瞻見諛，某自負亦如此。（卷九）

何氏語林：（撰者同前）王荊公在鍾山，有客自黃州來。公曰：東坡近日有何妙語。客曰：東坡宿於臨高亭，醉夢而起，作成都聖像藏記千餘言，點定才一兩字，有寫本，適在客中。公遣人取至時，月出東南，林影在地。公展讀於風簷，喜見眉鬚曰：子瞻人中龍也。然有一字未穩。客請之。公曰：日勝日負，不若如人善博，日勝日貧耳！東坡聞之，拊手大笑，以公爲知言。（卷九）

何氏語林：（撰者同前）蘇子瞻渡江至儀眞，和荊公遊蔣山詩，後寄示荊公，公亟取讀至「峰多巧障日，江遠欲浮天」。公撫几歎曰：老夫一生作詩，無此二句。（卷九）

何氏語林：（撰者同前）蘇子瞻奉祠西太乙，見荆公舊題六言詩曰：「楊柳鳴蜩綠暗，荷花落日紅酣。三十六陂春水，白頭相見江南」。註之良久曰：此老野狐精也。（卷九）

荆公待人推心置腹，尤對蘇軾披肝瀝膽，異常器重。然蘇軾不獨未予回餽，卻反噬之，可言不敬至極，似非讀孔孟學說之儒家門生也。孟子曰：『天下有達尊三，爵一、齒一、德一。朝廷莫如爵，鄉黨莫如齒，輔世長民莫如德。』（公孫丑篇下）荆公當朝宰相，蘇軾僅爲知府，爵也。荆公年方十六，已隨父親益都遊汴京，蘇軾方呱呱落地，齒也。荆公創制新法，力圖強盛宋朝，以禦北疆。不愛爵位、貨財、女色，潔身自好，修身律己。而蘇軾對酒色財氣，無一不好。甚至酗酒狎妓，曠廢職守，無所不爲，德也。荆公譽蘇軾爲「人中龍也」，而蘇軾反詈荆公是「野狐精也」。由此觀之，人非智慧，而是道德。人非文章，而是氣度。荆公古今哲人也。其配享孔廟，實受之無愧耶！亦理所當然也。蘇軾於唐宋八大家中，自認除韓愈外，餘均不足以道也。即使其父蘇洵、其師歐陽文忠公亦未見尊重敬佩之，「天地君親師」人之五倫則何謂哉？蘇軾之文章詩詞固佳，韓潮蘇海，苟言「文以載道」，其道何在？讀古文觀止中；諸葛亮之出師表而無感者，則不忠也。李密之陳情表而無感者，則不孝也。韓愈之祭十二郎文而無感者，則不義也。韓昌黎之祭鱷魚文在憂國保民也，師說在尊師重道也。蘇軾雖重韓昌黎之文，卻未學之矣。其赤壁賦及石鐘山記等文，其道何在歟？文無重心，水面之萍，虛有其表哉。再如其詞，「蝶戀花」一闋，「天涯何處無芳草；多情卻被無情惱」。以此爲道邪？其於司馬光行狀一文中，約九千四百餘字竟過半而詆詖荊公，清代蔡上翔氏於荊公年譜考略中歎曰：無論古今無此體，即子瞻安得如此之文。梁任公亦歎爲謗文耶！

唐宋文人皆有撰述文字留於後世，以求名留千古。唐代魏徵撰隋書，宋代歐陽文忠公撰新唐書、新五代史，此爲史學也。唐代孔穎達撰五經正義（即今五經疏本），賈公彥撰周禮義疏、儀禮義疏，荊公撰周官新義，此爲經學也。以上毋論史學或經學，均有益於後世，然蘇軾焉有如此有益於後世之鉅著耶？既如司馬光尚可依荀悅之前漢紀及袁宏之後漢紀，以及歷代之稗官野史而撰成資治通鑑一書問世。其中謬誤雖有，如「楊貴妃賜安祿山之洗兒錢」一節，係錄自唐溫畬天之「天寶離亂幸記」。又「安祿石出入宮中不禁」一節，則錄自唐王裕仁之「開元天寶遺事」等等。終有一書留於後，不無裨益（資治通鑑共二百九十四卷）。另范祖禹爲司馬光謄寫及校讎資治通鑑後，尚能剽竊撰寫一部「唐鑑」留於後世。蘇軾空有其才，留於後世文字較有分量者爲「易書傳、論語說」二書，然此二書前人不知撰有幾何也！其餘仇池筆記、東坡志林、東坡全集、東坡樂府皆爲小品文字而已矣。其長短句後人譽爲豪放派，然終脫不了風花雪月，再依蝶戀花一闋爲例：「牆外行人、牆裡佳人笑」可知之矣。試問其於元祐年代任翰林學士後，有何重大功績於朝廷，而眩耀於後世之。史書未有詳確記載矣。反之，自立蜀黨獨樹一幟，詆詖荊公，攻訐新法，無所不用其極之。而終生奔波不停，最後卒於常州，豈可怨何人也。於熙寧年等於杭州之時，風流韻事特多，諸如「東坡肉、蜜酒、蘇公堤」等等，不勝枚舉，流傳至今，又有何益於後世焉？書經太甲曰：天作孽，猶可違。自作孽，不可逭。誠然耳！

元祐黨人每每攻訐荊公拔擢小臣，蘇轍高中進士後，首被拔擢於條例司爲檢詳文字。荊公特拔小臣，卻以蘇轍爲始，而轍受其兄軾之左右反對新法處處掣肘，故示違抗，方被外放爲推官。轍後撰龍川略志卷一中云：「每事無不與新法爲忤」。孟子曰：自反而縮；自反而不縮。豈又可怨天尤人歟？北宋君王確實仁慈，如於明清兩代，蘇轍之人頭早已落地也。

南渡後，高宗縱容元祐黨人，以致元祐黨人之餘黨百餘年來肆意攻訐荊公，雖有正義之士爲荊公仗義直言，亦未能有其效應。陸九淵爲荊公所撰「荊國王文公祠堂記」。言之極爲剴切，後人讀之否？後人信之否！茲摘錄於下：

荊國公祠堂記：（前略）昭陵之日，使還獻書，指陳時事，剖悉弊端，枝葉扶疏，往往切當。公疇昔之學問，熙寧之事業，舉不遁乎，使還之書。而排公者，或謂容悅，或謂迎合，或謂變其所守，或謂乖其所學，是尚得爲知公者乎。英邁特往，不屑於流俗聲色利達之習。介然無毫毛得以入於其心，潔白之操，寒於冰霜，公之質也。掃俗學之凡陋，振弊法之因循，道術必爲孔孟，勳績必爲伊周，公之志也。不期人之知，而聲光燁奕，一時鉅公名賢，爲之左次，公之得此，豈偶然乎哉。用逢其時，君不世出，學焉而後臣之，無愧成湯高宗，公之得君，可謂專矣。新法之議，舉朝讙譁，行之未幾，天下恟恟，公方秉執周禮，精白言之，自信所學，確乎不疑。君子力爭，繼之以去。小人投機，密贊其決。忠樸屛伏，僉狡得志，曾不爲悟，公之蔽也。熙寧排公者，大抵極詆訾之言，而不折之以至理，平者未一二，而激者居八九，上不足取信於裕陵，下不足以解公之蔽。反以固其意成其事，新法之罪，諸君子固分之矣。元祐大臣，一切更張，豈所謂無偏無黨者哉。所貴乎者玉，瑕瑜不相掩也。古之信使，直書其事，是非善惡，靡不畢見。勸懲鑑戒，後世所賴。抑揚損益，以附己好惡，用失情實，小人得以藉口而激怒，豈所望於君子哉。（後略）

陸象山之言，乃針針見血，荊公擇善固執，忠心耿耿，新法創始，欲效伊尹之願也。孰知各方掣肘，繼之求去。元祐之時盡革新法，豈可謂無偏無黨者哉？董狐史筆，後世已不復見，焉能直書善惡矣！可知於陸象山先生在世之日，南宋稗官野史已在詆訾荊公，爲不爭之事實。惜乎。象山先生尚未能見，元祐餘黨編纂宋史攻訐荊公之偏也。清代顏元氏所撰宋史評傳，亦指出宋史編纂不實之非也。蔡上翔氏於荊公年譜考略之自序中，更有公平之撰述。茲分摘錄於后：

宋史評曰：荊公廉潔高尚，浩然有古人正己以正天下之意。及既出也，慨然欲堯舜三代其君，所行法如農田保甲保馬雇役方田水利，更戍置弓箭手於兩河，皆屢良法後多踵行。即當時至元祐間，范純仁、李清臣、彭汝勵等亦訟其法以爲不可盡變。惟青苗均輸市易行之不善，易滋弊竇，然人亦曾考當日之時勢乎。太宗北征中流矢，二歲創發而卒。神宗言之，惓然流涕。夏本叛臣而稱帝，此皆臣子所不可與共戴天者也。宋歲輸遼夏金一百二十五萬五千兩，其他慶弔聘問賂遺近幸又倍，宋何以爲國。求其容我爲君，宋何以爲名，又臣子不可一日之安者也。而宋欲舉兵，則兵不足，欲足兵，餉又不足，荊公爲此，豈得已哉。……宋人苟安已久，聞北風而戰栗，於是牆堵而進，與荊公爲難。極垢之曰奸曰邪，並不與之商榷可否，或更有大計焉。惟務使其一事不行，立見驅除而後已，而乃獨責公以執拗可乎。且公之施爲，亦彰彰有效。……荊公大計，而史半削之，幸韓琦誤以爲罪狀遂傳耳。則其削者何限，范祖禹、黃庭堅修神宗實錄，務詆荊公。陸佃曰：此謗書也。既而蔡卞重刊刊定，元祐黨起，又行盡改，然則宋史尚可信邪。……

宋史私評：宋史在諸史中，最稱蕪穢。四庫全書提要云：其大旨以表彰道學爲宗，餘事不甚措意，故舛謬不能殫數。……宋時修神宗實錄，聚訟最紛，幾興大獄。元祐初范祖禹、黃庭堅、陸佃同修之，佃數與祖禹、庭堅爭辨之，庭堅曰：如公言，蓋佞史也。佃曰：如君言，豈非謗書乎？佃雖學於荊公，然不附和新法，今其言如此，則最初本之神宗實錄，誣罔之辭已多，可以見矣。……神宗正史，今更五閏，未能成書。蓋由元祐紹聖史臣好惡不同。范祖禹等專主司馬光家藏記事，蔡京兄弟純用王安石日錄，故議論紛然。……南渡後，紹聖四年范沖再修成之以進，是爲第三實錄。宋史所據，即此本也。自紹聖至紹興，元祐黨人竄逐顛播者凡三十餘年，深怨積憤。而范沖又爲范祖禹之子，繼其父業，變本加厲以恣報復。而荊公自著之日錄，與紹聖間朱墨本實錄，悉從燬滅，無從可考。宋史據一面之詞，以成信讞，而沉冤永世莫白矣。凡史中醜詆荆公之語，以他書證之，其誣衊之跡確然可見者十之六七。近儒李氏紱蔡氏上翔辨證甚博。

荊公年譜考略：及夫元祐諸臣秉政，不惟新法盡變，而黨禍蔓延，尤以范呂諸人初修神宗實錄，其時邵氏聞見錄，司馬溫公瑣語涑水記聞，魏道輔東軒筆錄，已紛紛盡出，則皆陰挾翰墨以饜其忿好之私者爲之也。又繼以范沖朱墨史，李仁甫長論，凡公所致，慨於往者不能訟當否，生者不得論曲直，若重爲後世惜者，而不料公以一身當之。必使天下之惡皆歸，至謂宋之亡由安石，豈不過甚已哉。宋自南渡至元，中間二百餘年，肆爲詆毀者，已不勝其繁矣。……又其前若蘇子瞻作溫公行狀，至九千四百餘言，而詆安石者居其半，無論古無此體，即子瞻安得有如是之文。後則明有唐應得者著史纂左編，傳安石至二萬六千五百餘言，而無一美言一善行，是尚可言史事乎哉。……

蔡氏斥宋代蘇軾、范祖禹父子等人，其間尚有政治恩怨可言，南渡後二百年間元祐黨人，肆意攻訐，實爲黨錮之禍作祟，何怪之有。惟元明清三代儒生無鑑別是非之明。隨聲附和，可恥之極。豈止蔡氏所言唐應得之徒，清初一代碩儒王夫之所撰「宋論」一書，其中於神宗一篇，專以詆毀荊公爲能事，何有一句美言，一件善行，其自以爲不世鉅著。一代碩儒，無是非之分，鑑別之明，人云亦云，豈不令後人爲之惋惜矣。蔡氏於荊公年譜考略後載靖康初，楊時論「蔡京疏」。原文後有南宋無名氏跋於後云：

> 荊公之時，國家全盛，熙河之捷，擴地數千里，開國百年以來所未有者。南渡以後，元祐諸賢之子孫，及蘇程之門人故吏，發憤於黨禁之禍。以攻蔡京爲未足。乃以敗亂之由，推原於荊公，皆妄說也。其實徽欽之時，禍由於蔡京。蔡京之用，由於溫公。而龜山（楊時）之進，又由於蔡京，波瀾相推，全與荊公無涉。至於龜山在徽宗時，不攻蔡京，而攻荊公，則感京之恩，畏京之勢，而欺荊公爲已死者爲易與。故舍時政而追往事耳。（後略）

註：昭陵．亦稱永昭陵，宋仁宗陵墓，位於河南鞏縣西南，宋史卷十二仁宗紀，嘉祐八年十月甲午日葬之，於仁宗後世諱稱「昭陵」。

裕陵．亦稱永裕陵，宋神宗陵墓，位於河南鞏縣西南，宋史卷十六神宗紀，元豐八年十月乙酉日葬之，後諱稱神宗爲「裕陵」。

八、元祐黨禍：

元豐八年三月神宗駕崩，其子趙煦繼位爲哲宗。年僅十歲，宣仁皇后垂簾聽政（爲太皇太后即高后，英宗之后，神宗之母）。次年改元爲元祐元年，宣仁皇后盡行罷革新法，而啓用舊黨（元祐黨人）。司馬光爲相，呂光著、范純仁、蘇軾、程頤等均居朝中要津，顯赫一時，氣燄萬丈。當年四月荊公謝世於江寧鍾山。原熙豐朝中舊臣（被稱之爲新黨），章惇、曾布、安燾、蒲宗孟、呂惠卿、蔡京、沈括等四十七人，悉數貶斥外放。元祐元年九月司馬光謝世，呂公著繼之爲相。元祐八年九月宣仁皇后薨，攝政共九年之久。於此九年之中，元祐黨人大權在握，囂張跋扈，意氣用事，然彼此亦內鬨不已。御史黃履曾予彈劾司馬光。茲錄於下：

通鑑長編拾補：追垂簾之初，朝廷啓光執政，當時士論翕然稱之，以爲光眞能弼成聖德，上報先帝。不謂光深藏禍戾，追忿前朝，凡有所行，皆爲非是。夫法令因革，因緣時宜。豈有一代憲章，俱無可取，歸非于昔，斂譽一身。（卷十）

（轉錄香港中文大學林天蔚教授之宋史試析。）

然司馬光盡革新法，未必是司馬光一人之見。抑或秉承宣仁皇后之懿旨而行，亦未可知也。故范純仁、李清臣、彭汝勵等皆言新法不可盡變。而不爲司馬光所取，范純仁被貶出潁昌府（宋史卷三百十四范純仁傳，范後仍被列入元祐黨碑）。宣仁皇后薨後，哲宗親政，因其屢被宣仁皇后及元祐黨人之壓抑，力求擺脫，改元紹聖，復啓新法。熙豐老臣，悉數召回。元祐黨人如坐針氈，不知所措。以蘇軾爲首，竭力抗爭之。范祖禹疏曰：「太皇太后登遐後……陛下將總攬庶政，延見群臣，……今日必有小人進言，太皇太后不當改先帝之政，逐先帝之臣，此乃離間之言，不可不察也。」（通鑑長編修記，元祐八年九月癸卯。）范祖禹之疏實懷鬼胎，哲宗致所以貶斥元祐黨人，而召回熙豐老臣，究根探由，乃出於宣仁皇后之專橫，元祐黨人之跋扈，使哲宗受制九年之久。一腔積怨待其親政之日，自必發洩之，何有小人離間之有歟？明代陸楫所撰「古今說海」轉載容齋逸史，其雖仍爲攻訐熙豐老臣，然足可知哲宗登基後，所受之委屈也。茲錄於下：

古今說海：容齋逸史曰：甚哉！小人患得患失貽禍之深也。初，元祐間宣仁太后臨朝，天下大政事，皆太后與二三大臣議可而行，時雖天下稱治，哲宗內弗平也。一旦太后崩，方欲悉反其政，以攄宿憤。而小人揣知上旨，遂引呂武爲喻，上益惑焉。明

年改元紹聖，而熙豐群邪進矣。……（卷一百十九）

范祖禹所奏之疏，實爲哀鳴，不知自省，而作垂死掙扎也。蘇軾、呂大防等旋即皆去職，蘇軾貶爲瓊州別駕。因此黨錮之禍，昭然灼見之！有識之士慨歎禍國不遠矣！元祐黨人啣恨而去，蓄意報復，彼此壁壘分明，水火不容，北宋雖亡，南渡後，黨禍依然綿延百年有餘矣。

按：范祖禹，字堯夫，從司馬光編修資治通鑑，書成，光薦秘書正字，後擢翰林學士兼侍讀。

後人論宋史，均謂「靖康之禍」肇於熙寧新法，責在荊公，謬誤矣！新法設立之意是在神宗，新法之施行也在神宗，荊公僅係奉旨創制及執行而已。新法之失敗應在元祐黨人，肆意掣肘與詆毀也。明代嘉靖建陽訓導陳汝錡之「甘園露長短書」云：「北宋之亡始於司馬光之排斥新黨。」司馬光排斥新黨乃不爭之事實，元祐元年罷革新法，釀成黨錮之禍，司馬光罷革新法之舉，乃奉宣仁皇后懿旨而行之也。如此北宋之亡，宣仁皇后則是罪魁禍首。司馬光於相位僅九月有餘，而宣仁皇后垂簾達九年之久，朝政改革亦非司馬光一人所能爲之矣。是故，宣仁皇后無法推卸北宋衰亡之責也。元符三年正月哲宗駕崩，向太后主立端王趙佶爲徽宗，亦復效垂簾聽政之舉，此乃北宋第四任攝政之太后也。向后又罷革新法，元祐黨人復得勢於朝。同年二月以吏部尚書韓忠彥爲門下侍郎資政殿大學士，四月拜右僕射，同四月范純仁復官，蘇軾等內徙之。向后攝政僅七月有餘而已，因健康不佳，翌年正月即薨矣，卻又再釀造一次黨錮之禍也。

黨錮之禍，肇始於漢。東漢末年演之最劇，朝廷有黨錮之爭，藩鎮有兼併之亂，東漢傾覆，三國鼎立。歷經六朝，而至唐代，一脈相傳，爭奪不已，傾軋不休。唐太子建成齊王元吉與秦王世民之爭，而演成「玄武門之變」，此未嘗不是黨錮之禍也。中唐以後，牛僧儒與李德裕之爭更烈，令狐淘繼之，李德裕被貶竟死於崖州。箇中玄奧爲何？一言以蔽之，乃權利之爭也。而宋亦復如是，宋代黨錮之禍實肇始於太宗，太祖陳橋兵變，黃袍加身，江山來之太易，雖杯酒釋兵權，仍不免對朝中重臣發生猜疑，猶以留用後周之臣，自導黨錮乃至於後代。眞宗天禧末年，劉后所操縱，寇準與丁謂、楊崇勳之爭。仁宗時代，有呂范之爭（呂夷簡、范仲淹）；范敗而被貶，杜衍、韓琦、富弼同時罷黜。王拱辰曰：吾一網打盡矣。然呂夷簡猶對范仲淹仍不放手，必欲置之於死地，如宋代孔平仲所撰「談苑」記之甚詳。英宗時代，有濮議之爭，呂誨、范純仁、范鎮、王珪、呂大防、司馬光等皆贊同之，而歐陽文忠公與韓琦等反對之。呂、范等人亦欲置歐、韓二位於死地。甚之誣歐陽文忠公有盜甥女之嫌，韓琦有勾結中官之嫌，凡反對濮議皆被貶斥外放，歐陽文忠公被貶滁州。梁任公於「王安石評傳」記載甚詳。南宋朱熹之朱子語類對濮議之事亦作解釋，惟是非恩怨未予釋明。茲分錄於下：

談苑：呂申公（夷簡）作相，宋鄭公（庠，英宗時封鄭國公）參知政事，呂素不悅范希文（仲淹字），一日希文答元昊書，錄本奏呈，呂在中書自語曰：豈有邊將與叛臣通書。又云：奏本如此，又不知眞所與書中何所言也。以此激宋，宋明日上殿果入劄子，論希文交通叛臣，既而中書將上呂公讀訖。仁宗沉吟久之，遍顧大臣，無有對者。仁宗曰：范仲淹莫不至此。呂公徐應曰：擅答書，不得無罪，然謂之有它心，則非也。宋公色沮無辭。（卷一）

王安石評傳：濮議者何，仁宗崩，無子，以兄濮安懿王之子爲後，是爲英宗。英宗治平二年，議追尊濮王典禮。廷臣分黨相鬨，洶洶若待大敵，朋黨之禍，於茲極烈。臺諫至相率請斬韓琦歐陽以謝先帝，馴至因公事以詆及私德，遂有誣歐陽修以帷薄隱慝之事。而當時被攻者，如韓歐之徒，固後世所稱君子人者也。其以濮議攻人者，如呂

誨、范純仁之徒，又後世所稱君子人者也。宋世朋黨之眞相，於茲畢見。（第三章）

朱子語類：問濮議曰，歐公說不是，韓公、曾公亮和之。溫公、王珪議是，范鎮、呂誨、范純仁、呂大防皆彈歐公。但溫公又於濮王邊禮數太薄，須中自有斟酌可也。歐公之說斷不可。且如今有爲人後者，一日所後之父與所生之父相對坐，其子來喚所後父爲父，終不成又喚所生父爲父，這自是道理不可，試坐仁宗於此，亦坐濮王於此，使英宗過焉，終不成都喚兩人爲父。……朱子語類：本朝許多大疑禮都措置未得，如濮廟事。英宗以皇伯之子，入繼大統後。只令嗣王奉祭祀，天子則無文告。（卷一百二十七）

按：仁宗無嗣，由其兄濮安懿王允讓十三子，名曙，承祧爲皇子，是爲英宗。治平二年議尊封濮王之議。

熙寧新法之爭，神宗具有勵治圖強之意，鑑於荊公上仁宗萬言書，即萌改革朝綱之舉，於登基時立召荊公而獨任之。司馬光諸輩則不堪冷落，而釀成所謂「君子與君子之爭也」。

何謂君子與君子之爭也，君子者；氣度恢宏，循之於禮，言不離義，擇善固執，據理力爭，若知理屈，則虛心應物，捨己就人也。而小人與君子之爭者；罔顧禮義，僅知利害，存心詭譎，狡黠奸詐，遇事不合，伺人瑕疵，羅織攻之，攻之不成，背馳傾軋，詆詖排擠，盡其所能也。熙寧新法之爭即如此矣！司馬光不甘雌伏，先予詆詖新法有擾民害民之舉，不為神宗所採，而復攻訐荊公禍國殃民，再不得逞。退至洛陽，此所謂「君子之爭抑或小人之爭也？焉非不是權勢之爭也」。何氏語林卷十七記載：荊公與司馬光、呂公著、韓絳等四位稱為嘉祐四友，最後司馬光、呂公著二人因權勢之爭，形同冰炭，元祐之禍賡續千年之久。新法之爭，實非政爭，而係利害之爭也。攻訐荊公，豈為對事，實乃對人也，新法僅為借題發揮而已矣。哲宗元祐初年，宣仁皇后垂簾聽政，司馬光、呂公著二人相繼為相，盡革新法，北宋政局未見一新，反更凋敝，此何言之也歟？元祐黨人掌握朝政九年，其建樹何在耶！宣仁太后薨，哲宗已冠，不甘被元祐黨人箝制。改元紹聖，盡召熙豐老臣，蘇軾乞外補定州，范純仁等相繼被黜。哲宗崩，向后聽政，復黜新法，再次啓用元祐黨人，向后薨，徽宗立，更啓新法，如此輾轉反覆，北宋焉有不亡之理乎！何怨新法之有？何怨荊公之有歟？至於元祐黨人碑一事，仍起於元祐黨人梁燾、劉摰等定荊公之謗牓，范祖禹之疏而起之。始作俑者，其無後乎？章惇所作元祐黨人碑，乃以其人之道還其人之身也，反為元祐黨人於南宋時子孫門生作蠹食公帑之器也，難以言哉。太后牝雞之司晨，元祐黨人之弄政，北宋焉有不亡之理乎！新法何罪之有？荊公何罪之有？豈可徒怨哉耶！南宋元祐餘黨，歪曲史實，故作稗史，相互鈔襲，不避雷同，混淆視聽，元代編纂宋史，照鈔不誤，不予考證，宋史可信乎，抑不可信乎哉，以致誤導史實千年之久矣！再言之：司馬光是否具有相國之器，尚待商榷，神宗對其頗不以爲然，言其迂闊而不重任之。南宋吳曾之能改齋漫錄特予記載之。

能改齋漫錄：神宗謂呂正獻公晦叔（公著）曰：司馬光方直，其如迂闊何？呂曰：孔子上聖，子路猶謂之迂。孟子大賢，人亦謂之迂。況光豈免此名，大抵慮深遠則近迂矣，願陛下更察之。（卷十三）

神宗果爲一代英明君主，對朝廷重臣觀察入微，體認司馬光迂闊而不深任之，故每與荊公爲朝政發生爭執，神宗均主荊公之意而行之。呂公著之稟奏，特以慮事深遠而迴護之，此乃狡辯矣。孔子不迂，周遊列國，困於陳蔡。孟子不迂，抱殘守闕，客卿天下。亦夫堯舜禹湯文武周公之道，終未得列國諸侯重用之，何謂不迂也。司馬光與呂公著、富弼合力攻訐新法未果，同遊洛陽，沆瀣一氣，呂公著焉有不掩飾袒護之理耶！

有關元祐黨人碑一事；元祐黨人于宣仁皇后攝政之時，先對熙豐老臣予以發難，將熙豐老臣立牓示衆，亟欲殲滅殆盡。後章惇等建元祐黨人碑，乃冤冤相報耳。依宋張淏之雲谷雜記轉錄邵伯溫之聞見錄亦如是云：『初蔡京、蔡卞爲元祐姦黨籍，祐陵（哲宗）親書刻石於文德殿門，又立於天下州治。……』張氏所云僅將聞見錄之言加以補述而已，未有新意。四庫全書提要考證雲谷雜記云：『宋人說部著錄，大都摭異矜新，無關典據。』而宋代王明清所撰玉照新志則敘述綦詳。茲錄於下：

玉照新志：元祐黨人天下後世莫不尊之。紹聖所定七十三人，至蔡元長（京）當國，凡所背己者，皆著其間殆至三百九人，皆石刻姓名，頒行天下。其中愚智溷淆，不可分別。至於前日詆訾元祐之政者，亦獲廁名矣。惟有識講論之，熟者能辨之。然而禍根實基於元祐嫉惡太甚焉。呂汲公（大防，元祐初封汲郡公）梁況之（燾），劉器之（摯）定王介甫親黨呂吉甫（惠卿）、章子厚（惇）而下三十人。蔡持正（確）親黨安厚卿（燾）曾子宣（布）而下六十人牓之朝堂。范淳父（祖禹）上疏以爲殲厥渠魁，脅從罔治。范忠宣（純仁）太息同列曰：吾輩將不免矣！後來時事既變，章子厚建元祐碑，果如忠宣所言。大抵出士大夫報復，而卒國家受其咎，悲夫！（卷一）

續資治通鑑：元祐四年。梁燾之論蔡確也，密具確及安石之親黨四十七人，安石親黨三十人。於是太皇太后曰：確黨多於朝。范純仁進曰：確無黨。呂大防言曰：確黨甚盛。純仁言非是。劉摯亦助大防言有之。純仁曰：朋黨雄辯，恐誤及善人。退即上疏言蔡確之罪，自有典刑。不必推治黨人，旁及枝葉。前奉特降詔書，盡釋臣僚往咎，自此內外反側皆安。臣心拳拳，實在於此。范祖禹亦謂：確已貶，餘黨可勿問。又云：確罷相已久，陛下所用多非確黨，偏見異論者，多指爲確黨而逐之。恐刑罪失中，人情不安也。六月梁燾、劉安世交章論純仁黨附蔡確，純仁亦求出外，吳居厚因言：王存嘗助純仁救確，純仁罷，存不可獨存。遂詔純仁出知潁昌府，存出知蔡州。

（卷八十一）

附蔡確及荊公親黨名單如后：

蔡確親黨：四十七人。

安 燾　章 惇　蒲宗孟　王安禮　曾 布　曾 肇　蔡 京　蔡 卞　黃 履

吳居厚　舒 亶　王 覿　刑 恕　（餘略之）

荊公親黨：三十人。

蔡　確　章　惇　呂惠卿　安　燾　蒲宗孟　王安禮　曾　布　曾　肇　彭汝勵

陸　佃　謝景溫　黃　履　呂嘉問　沈　括　舒　亶　葉祖洽　（餘略之）

後南宋馬純所撰「陶朱新錄」特將元祐黨人碑所載黨人名氏三百九人，並附蔡京上哲宗書詳予錄之。元祐黨人並無如此之多。據四庫全書提要考據云：『純蓋默（馬默）之諸孫，默在神宗朝，以戶部侍郎寶文殿待制致仕。奉祠後入黨籍。南渡以後，力反宣和之政，以收人心。凡黨人子孫皆從優敘。故張綱「華陽集」有論：其除授太濫一疏，然士大夫終以為榮。純載是碑，蓋以其祖之故。亦陸游自稱黨家之意。』云云。

按：游之祖為陸佃係荊公門生，雖不附新法，卻忠于荊公，於與范祖禹、黃庭堅撰寫神宗實錄時，佃與二人爭執不休，佃實非元祐黨人也。）茲將元祐黨人碑及蔡京上哲宗書錄於下（黨人三百九人摘錄之。）：

陶朱新錄：元祐黨籍凡三著，僕家舊有元祐姦黨碑，建炎間，呂元直（本名頤浩）作相取去，最後也者。其間多是元符間臣僚（元符哲宗年號，於紹聖後）。文曰：皇帝嗣位之五年，旌別淑慝，明信賞刑。黜元祐害政之人，靡有佚罰，乃命有司，夷考罪狀，等其首惡與其附麗者，以聞三百九人。皇帝書列之石，置於文德殿之東壁，永爲萬世臣子之戒。又詔臣京（蔡京）書之，將頒之天下。（僅一卷，附蔡京疏於下。）

臣竊惟陛下仁聖英武，遵制揚功，彰善癉惡，以昭先烈，臣敢不對揚休命，仰承陛下繼述之志。司空尚書左僕射兼門下侍郎臣蔡京謹書。

元祐姦黨：

文臣曾任執政官二十七人：

司馬光、文彥博、呂公著、呂大防、劉　摯、范純仁、韓忠彥、曾　布、王巖叟、梁　燾、蘇　轍、王　存、鄭　雍、傅堯俞、趙　瞻、韓　維、孫　固、范百祿、胡宗愈、安　燾、李清臣、劉奉世、范純禮、陸　佃、黃　履、張商英、蔣之奇。

曾任侍制以上官四十九人（錄重要者）：

蘇　軾、劉安世、范祖禹、朱光庭、趙君錫、馬　默、趙彥若、呂希純、范純粹、呂　陶、楊　畏、朱　紱。

以下略之：

餘官一百七十七人（錄重要者）：

秦　國、黃庭堅、晁補之、吳安詩、張　耒、王　鞏、呂希哲、程　頤、呂希績、李之儀、孔平仲、趙令時。

以下略之：

武官二十五人（略之）：

內臣二十九人（略之）：

爲臣不忠二人：

王　珪、章　惇。

右令准尚書兵部符備敕命旨揮立石，監司廳。崇寧四年二月　日（此兩浙常平司所立碑時，天下監司郡守皆立之，後星變遂毀。）

按：此節文字，頗有瑕疵，建炎爲高宗南渡後年號。時呂頤浩（元直）尚未爲相。據高宗本紀三云：建炎四年，呂頤浩爲鎮南節度使，後即改元紹興，紹興六年爲浙西安撫制置大使，判臨安府。呂頤浩任尚書右僕射中書侍郎，應是紹興八年（宋史卷三百六十，未記時日。）據紹興八年高宗駐蹕建康推算之，恐非正確。於南渡後建炎之時，汴京已陷金人，呂頤浩如何取去之，時間，地點均有疑竇，此節或爲後人贗作而插入之。四庫全書提要亦云：

末附元祐黨籍一碑，與全書例頗不類等云。前人亦疑之，其中記載元符年間之朝臣名氏頗爲多矣。猶以章惇列入「爲臣不忠」之列，其對哲宗不忠，抑或對元祐黨人不忠，誠不倫不類也。再言安燾、曾布二人被梁燾、劉摯等列爲蔡確親黨「謗謗」之中，何又成爲元祐姦黨歟？御史黃履曾彈劾司馬光者，亦列爲元祐姦黨之流矣！疑竇重重，令人難以信之。宋及後世對此已略有解釋，茲分錄於下：

梁谿漫志：（宋·費袞撰）……蓋紹聖初（哲宗年號）章子厚、蔡京、卞得志，凡元祐人皆籍爲黨，無非一時忠賢七十八人者，可指數也。其後每得罪諸人者，駸駸附益入籍。至崇寧間（徽宗年號）京悉舉不附己者，籍爲元祐姦黨三百九人之多。於是邪正混淆，其非正人而入元祐黨者，蓋十六七也。建炎紹興間，例加褒贈，推恩其後，而議者謂其間多奸邪，今日子孫又從而僥倖恩典，遂有詔甄別之。（卷三）

困學記聞：（宋·王應麟撰）元祐之黨，劉元城謂七十八人，後來附益者非也。慶元（徽宗年號）之黨，黃勉齋謂非本黨者甚多，借此以爲名耳。（卷十五）

管城碩記：（清·徐文靖撰）倪文正公題元祐黨人碑云：諸賢自涑水眉山數十公外，凡二百餘人史無傳者，不賴此碑何由知其姓名哉。蓋宋史是時呂公著獨當國，諸賢以類相從，遂有洛黨、蜀黨、朔黨之分。……蘇氏師友，未嘗不起敬於周程如此，惜乎，後因嘻笑而成仇敵也。又陳叔峰見倪公題碑曰：先生不更加詳審，概以爲黨人也。而賢之嘗考黨人之，內如呂公著、韓維初爲安石延譽者也。曾布、章惇阿權膴仕，李清臣倡紹述之說，以開國釁。黃履訐垂簾之事，擊呂大防、劉摯而去之。安燾依違蔡確，章惇無所匡正，葉祖洽對策言。祖宗多因循苟且之政，陛下革而新之，遂擢第一。若此皆得與乎黨人之數，果賢乎否乎！（卷十八）

元祐黨人之糾集並非基於政治理念，亦無政治抱負，實非爲政治政黨。獨與熙寧新法之爭，乃爲利害之爭也。以致殃及荊公。元祐年起，新法罷革，司馬光等悉數還朝，應合力爲北宋振興圖強，實非也。彼此亦然傾軋不休，各樹黨幟，廣羅黨羽，以固勢力，互相攻訐，以此足證權勢之爭也。凡未得官居要津者，其不滿心境無不形之於色，道之於言，如程頤之流也。

志雅堂雜鈔：（宋·周密撰）伊川（程頤字）不滿宣仁，「故注易經有云：臣居尊位，羿莽是也。婦居尊位，女媧武后是也。非常之變，不可言也。……」晦菴（朱熹字）明知此語有爲而發，乃故宛曲爲之說曰：伊川舉武后女媧之事，看來要入議論，教人向別處說，此文何曾有這義，都是硬入這樣。所謂欲蓋彌彰也。（卷下）

聞見後錄：（宋·邵博撰）程伊川說：黃裳元吉，婦居尊位，女媧武氏是也。非常之變，不可言也。有黃裳元吉之戒，如武氏之變固也，女媧不見于書，果有煉石補天之事，亦非變也。不言漢呂氏，獨非變耶。蘇仲虎則曰：伊川在元祐時以罷逐，故爲此說，以詆垂簾之政。予不敢以爲然。（卷五）

元祐黨人純爲私利，故不惜攻訐新法，既得權利後，分贓不均，不獨彼此依舊攻訐不休。一代理學宗師程頤竟然對「女中堯舜」宣仁皇后照訾不誤，「掛著孔老夫子招牌而賣狗肉」，令人欽佩不已。元祐黨人致所以再分各黨，乃是利益之爭也。程頤與蘇軾發生爭執後方有洛黨、蜀黨、朔黨之分也。四庫全書于元祐黨人孔平仲所撰之珩璜新論提要所云：較爲中庸之道，不傷和氣。其云：「……考平仲與同時劉安世、蘇軾，南宋林栗、唐仲友，立身皆不愧爲君子，徒以平仲、安世與軾不協於程子，栗與仲友不協於朱子，講學家遂皆以寇讎視之。夫人心不同，有如其面，雖均一賢者意見不必相符。……』四庫全書提要所云，頗有鄉愿作風。蓋君子之爭理也，小人之爭利也。洛蜀兩黨所爭者非理而求利也。四庫全書于邵博之聞見後錄提要所云，則未如珩璜新論之含蓄，析示較爲明快。云：『……伯溫（邵博父）盛推二程（程顥、程頤），博乃排程氏而宗蘇軾。觀其所記游酢謝良佐之事，知康節（博祖父）沒後，程氏之徒欲尊其師而抑邵，故博激以報之。蓋怙權者務爭利，必先合力以攻異黨，異黨既盡病利之，不獨擅則同類復攻。講學者務爭名，亦先合力以攻異黨，異黨既盡病利之，不獨擅則亦復相攻。固勢之必然，不足怪也』等云。由此可知，元祐黨人不獨擅攻新法及荊公，更又訾譏神宗及宣仁皇后外，復又彼此互相攻訐不已日，日盛一日。元祐黨人禍起蕭牆，考其緣由，乃蘇程二人皆妄然自尊，互不禮讓也。宋代及今人均有記載，茲分錄於下：

聞見錄：……嘉祐之風，然雖賢者，不免以類相從。故當時有洛黨、川黨、朔黨之語，洛黨者以程正叔（頤）爲領袖，朱光庭、賈易爲羽翼。川黨者以蘇子瞻爲領袖，呂陶等爲羽翼。朔黨者以劉摯、梁燾、王巖叟、劉安世爲領袖，羽翼尤眾。諸黨相攻擊而已，正叔多用古禮，子瞻謂其不近人情，如王介甫，深疾之，加以抗侮。朱光庭、賈易不平，皆以謗訕，誣子瞻執政兩平之。是時既退元豐大臣，於散地皆銜怨刺骨，陰伺間隙。而諸賢者不悟，自分黨相毀。至紹聖初，章惇爲相，同以元祐黨盡竄嶺海之外，可哀也。……（卷十三）

宋代興亡史：（民國·張孟倫撰）元祐之初正人君子，一時嚮用。程頤爲崇政殿說書，以禮法自持，每進講色甚莊。蘇軾謂其不近人情，深疾之，每加玩侮。於是頤門人賈易：朱光庭積不能平，群起攻蘇，樹黨朋分，互相排擊，遂分洛、蜀、朔三黨。洛黨以程頤爲首，而朱光庭、賈易輔之。蜀黨以蘇軾爲首，呂陶、蘇轍、孔文仲等輔之。朔黨以王叟巖、劉摯爲首，而輔之者亦眾。是時熙豐用事之臣，退散各地，怨入骨髓，陰伺間隙，而諸賢不悟，反稱意氣，以私忿小怨，自分朋與，相攻不休。而姦黨乘之，得藉口以報私恨，紹述之禍，由此而起矣！（第三章）

按：張孟倫氏於民國三十六年于南昌，國立中正大學任歷史系教授，主授宋遼金元史學。

民國肇造，言論、學術均賦自由，張氏主授史學，應求公正，方不致誤導學子。然張氏仍受專制思想之束縛，元祐遺風之迷惑，對史實評析撰述有欠客觀也。對元祐黨人稱爲「諸賢」，對熙豐之臣稱爲「姦黨」，足證張氏對熙寧新法研究稍有不足，令人遺憾之。元祐諸賢，賢者竟然彼此傾軋，互相排擊，樹立私黨，羅致黨羽，反逞意氣，攻訐不休。卻將國是拋置於腦後，北宋焉有不亡之理乎！何怨新法之有？此爲姦黨之罪耶！程頤講學，以禮法自持，貌莊色嚴，何以爲忤，蘇軾豈可每加玩侮之。子曰：君子不重則不威，學則不固。……（論語學而篇）蘇軾讀聖賢書，孔老夫子遺訓，竟然忘卻無餘，謬矣！蘇軾如是之「賢」乎？其對同儕好友尙且如此，況且其對荊公矣。程頤自命爲理學宗師，授徒時道貌岸然，言笑不苟，卻因其位未居要津，官職清閑，則以文字對宣仁皇后譏諷之。對當朝母后尙且如此不敬，況且對荊公矣，程頤如是之「賢」乎？茲看南宋元祐餘黨對蘇軾及程頤二人之事蹟記載如何，其「賢」何如？特分錄於下：

貴耳集：（撰者同前）元祐初。司馬公薨東坡欲主喪，遂爲伊川先，東坡不滿意。伊川以古禮斂，用錦囊囊其尸。東坡見而指之曰：欠一件物事，當寫作信物一角，送上閻羅大王。東坡由是與伊川失歡。（卷上）

孫公談圃：（宋·孫升述·劉延世編）司馬溫公之薨，當明堂大享。朝臣以致齋不及，奠肆赦畢。蘇子瞻率同輩以往，而程頤固爭，引論語：子于是日哭則不歌。子瞻曰：明堂乃吉禮，不可謂歌則不哭也。頤又諭司馬諸孤，不得受弔。子瞻戲曰：頤可謂燠糟鄙俚，叔孫通聞者笑之。（卷上）

聞見後錄：（撰者同前）司馬丞相薨于位，程伊川主喪事專用古禮將祀明堂。東坡自使所來弔，伊川止之曰：公方預吉禮非哭則不歌之，義不可入。東坡不顧以入曰：聞哭則不歌，不聞歌則不哭也。伊川不能敵其辯也。（卷二十）

貴耳集：（撰者同前）伊川濂溪一世道統之宗，用大臣，薦爲崇政殿說書。以帝王王之學輔贊人主，儒者所望。范文正公論事，始分朋黨。伊川則曰：洛黨如朱光庭、賈易附之，力攻蜀黨蘇氏父子也。朝廷大患，最怕攻黨，小人立黨初不是專意社稷計，借此陰移人主禍福之柄，竊取爵祿而已。如君子不立黨，伊川見道之明，未能免也。（卷上）

聞見後錄：（撰者同前）劉器之（摯）與東坡元祐初同朝，東坡勇于爲義，或失之過。則器之必約以典故，東坡至發怒曰：何處把上，曳得一劉，正言來知，得許多典故。或以告器之。則曰：子瞻固所畏也，若恃其才，欲變亂典，常則不可。又朝中有語云：閩蜀同風，腹中有蟲，以二字各從虫也。東坡在廣坐作色曰：書稱立賢無方，何得乃爾。器之曰：某初不聞其語，然立賢無方，須是賢者乃可，若中人以下，多繫土地風俗，安得不爲土習風移。東坡默然。（卷二十）

續資治通鑑：元祐元年十二月壬寅朱光庭言：學士院試館職策題，不識大體，乞正考試官之罪，策題蘇軾文也。呂陶又爲申理，謂軾嘗戲薄程頤。光庭乃其門人，故爲報怨。朋黨之禍，自此起矣。

時有三黨，洛黨以頤爲首，而朱光庭爲輔。蜀黨以軾爲首，而呂陶爲輔。朔黨劉摯、梁燾、王巖叟、劉安世爲首，而輔之之者尤衆。

軾頤交惡，其黨迭相攻。賈易獨建言，並逐二人，又言呂陶黨軾兄弟，而文彥博主之。語侵彥博，及范純仁。太皇太皇怒，欲峻責易，呂公著解之，罷知懷州。

二年九月，王覿奏：蘇軾程頤，向緣小忿，漫結仇怨。於是軾頤素所親善之人，更相詆訐以求勝。前日頤去，而言者及軾，故軾乞補外。既降詔不允，尋復進職經筵。今執政大臣有闕，若保全軾，則且勿大用。（以上卷八十）

四年呂大防、劉摯患元豐舊黨，分布中外，多起邪說，以撼在位。欲稍引用，以平宿怨，謂之調停。太皇太后疑不能決，御史中丞蘇轍力諫，此輩若返，必有噬臍之悔，太皇太后是之，調停說遂廢。

呂大防，劉摯因裁損吏額一事，意見不合，遂成朋黨，未幾呂劉皆自請外。

六年，以楊畏爲殿中侍御史，趙君錫所舉也。王巖叟移書詰劉摯，摯不從。……畏與摯善，後呂大防亦善之。大防、摯異趨皆欲得爲助。君錫薦畏，實摯風旨也。然畏卒助大防擊摯。（以上卷八十一）

七年，程頤在經筵，歸其門者甚眾。而蘇軾在翰林，士亦多附之。二人互相非毀，頤先罷去，至是頤服闋，三省言宜除館職。蘇轍進曰。頤入朝，恐不能靜。太皇太后從其言不復召。（卷八十二）

八年，呂大防欲用楊畏爲諫議大夫，范純仁沮之。大防曰：豈以畏嘗言公耶！大防素稱畏敢言，且先密約以助己，竟超遷畏爲禮部侍郎。及大防充山陵使，甫出國門，畏首叛大防。……（卷八十三）

朱子語類：（宋・朱熹撰）蘇程之學，二家當時自相排斥，蘇氏以程氏爲姦，程氏以蘇爲縱橫。以某觀之，只有荆公修仁宗實錄，言：老蘇之書大抵皆縱橫者流。程子未嘗言也。如遺書賢良一段，繼之以得志不得志之說，卻恐是說他，坡公在黃州猖狂放恣不得志之說，恐指此而言。道夫問坡公，苦與伊洛相排，不知何故。曰：他好放肆，見端人正士以禮，自將卻恐他來檢點，故憑詆訾。道夫曰：坡公氣節有餘，其過處亦自來此。曰：固是又云，老蘇辨姦初間，只是私意如此，後來荆公作不著遂中他說。然荆公氣習，自是一個要遺形骸離世俗底模樣，喫物不知飢飽。嘗記一書，載公於飲食絕無所嗜，惟近者必盡，左右疑其爲好也。明日易以他物，而置此品於遠，則不食矣。往往於食不知味也。……（言呂伯恭部份略之。）亦此等爲姦，恐不然也。老蘇之出，當時甚敬之，惟荆公不以爲然，故其父子切齒之。

朱子語類：或問東坡若與明道同朝能順從否。曰：這也未見得，明道終是和粹，不甚嚴厲。東坡稱濂溪只是在他前，不與同時同事。因說當時諸公之爭，看當時如此，不當論相容與不相容，只看是因甚麼不同，各家所爭是爭個甚麼。東坡與荆公固是爭新法，東坡與伊川爭個甚麼？只看這處曲直，自顯然可見，何用別商量。只看東坡所說云：幾時得與他打破這「敬」字。看這說話，只要奮手捋臂，放意肆志，無所不爲。便是只看這處，是非曲直，自易見論。……

朱子語類：兩蘇既自無致道之才，又不曾遇人指示，故皆鶻突無是，處人豈可以一己，所見只管鑽去，謂此是我，自得不是，聽得人底。

朱子語類：東坡只管罵王介甫，介甫固不是，但教東坡作宰相，引得秦少游、黃魯直一隊進來，壞得更猛。

（以上四則均刊於朱子語類卷一百三十。）

諺云：說人是非者，必爲是非人。元祐黨人自宣仁皇后攝政還朝後，氣燄萬丈，爭權爭利，無事不用其極。彼此之間，互不相容。洛黨、蜀黨、朔黨更是傾軋不休。紹聖年間再次被哲宗不論何黨何人，悉數貶斥逐出，豈可怨熙豐老臣歟。南渡後，各黨門人子孫依然纏鬥不止，洛黨有朱熹等輩，蜀黨有方勺、蘇籀之徒。攻訐訾詬百餘年之久。據四庫全書于蘇籀所撰欒城遺言提要云：『籀私於其祖，每陰寓抑軾尊轍之意。』如此元祐黨人何道義之言也。蘇氏門中尚在內鬥，何可苛求元祐黨人乎。反顧荊公罷相回江寧，毛驢一頭，茅屋三間，怡然自樂，從不道人長短是非。反譽蘇軾爲「人之龍也」。何有如此長者風範，孰是孰非，不言而喻矣。荊公退居江寧後，巧遇場屋老友程光祿，留於蔣山數日。程時年已七十自江州致仕歸來，荊公戲之曰：公尚欲仕乎？程曰。猶可更作一郡。荊公聞之大笑，知其無隱情也。（元代陸友仁之吳中舊事卷一）荊公之灑脫，何能比之。試問：程頤賢在何處？朱熹賢在何處？依朱子語類而言與潑婦罵街又有何異歟？此乃出自一代理學宗師手筆，慚愧！荒唐！是非自有公論，公道自在人心。元祐黨人歪曲歷史千餘年之久，何以言之矣。

至於朱熹所言，蘇洵撰辨姦論一事，乃因荊公編纂仁宗實錄而起，荊公言及蘇洵之書，大抵皆縱橫者流。而激怒蘇洵遂有辨姦論之文，並惹起蘇氏父子切齒之恨。果眞如此，蘇氏父子何賢之有乎！蘇洵於英宗治平三年謝世。荊公於仁宗嘉祐八年八月母喪回江寧丁憂，至神宗熙寧元年四月奉召返汴京，仁宗尚未駕崩即已離京，蘇洵謝世後尚未返京，仁宗實錄之事，不攻自破矣。苟若熙寧元年荊公回京，編纂仁宗實錄，此時蘇洵已謝世兩年有餘，況邵伯溫所言「十餘年矣」。仁宗晏駕方五年之久。荊公何能於十年前編纂仁宗實錄歟？誠是瑕疵也，前段已述，辨姦論乃邵伯溫所贋撰之。邵伯溫者洛黨，朱熹者洛黨，特嫁禍于蜀黨蘇軾之父蘇洵，可謂一石兩鳥也。狠！狠！狠！元祐黨人之傑作，後世之人歎爲觀止也。明代王禕之卮辭對朋黨禍國及君子小人之分，有其解釋之。茲錄於下：

卮辭：朋黨之名，何自而起歟？豈夫人實爲之，抑其人自致之耳！漢之朋黨，其人以德勝；唐之朋黨，其人以才勝。以德勝者，群而不黨之君子也；以才勝者，同而不和之小人也。及宋之朋黨，則又君子小人迭爲勝負矣。嗚呼！朋黨之名起，國家未有不遂至危亡者也。（卷一。僅一卷刊於清代李調元之函海第十三函。）

註：別駕：唐制爲刺史之副單，宋置諸州通判後人沿稱之爲別駕。

紹述：荊公創制新法，元祐罷革，紹聖章惇爲相再啓新法，史稱紹述之政。迨徽宗即位，復罷之，蔡京秉政，更啓新法，又紹述前法行之。

元祐更化：乃元祐年代，宣仁太后悉數召回熙豐放逐舊臣，罷革新法。紹述之政：哲宗親政不堪宣仁及舊臣之虐，召回元豐老臣，逐次貶竄元祐黨人。

按：周濂溪，原名敦頤。字茂叔，宋營道人。初爲分寧主薄。熙寧初知彬州，用趙抃、呂公著薦，爲轉運判官。著太極圖說及通書，爲宋理學之創始人，程顥、程頤皆其弟子，卒謚元公。所居日濂溪，世稱濂溪先生。

九、北宋之亡（附北宋母后操權）：

宋代興亡史：（撰者同前）王安石以文章節行高一時，以道德經濟爲己任。神宗拒絕群議，任以大政。然稟性堅僻，舉止乖刺，以矯世變俗之志，從不肯從容漸漬，以洽天下之心。益以知人不明，聚斂太急，由是援引群小，排擊諸賢。而元老舊德，復持之太銳，從不肯一察新法之便否，斟酌損益，擇其利而施行之，乃指一切爲不善。（免役爲新法中所不能罷者，蘇軾、范純仁皆力請復行，而司馬光堅欲罷之，迄不肯從。）由是意氣用事，彼此相攻。程頤曰：新法之行，乃吾黨激成之。（第二章）

熙寧新法本出自神宗勵治圖強之旨意，而荊公乃奉旨創制之。惟神宗執法意志決之太速，行之太急，待人有失懦弱。朝臣處處掣肘，意氣用事，卻未能嚴刑峻法處置，以致威嚴儘失。荊公復又秉性拗強，不得人和。舊臣自不願受制於人，又未見妥善安撫，乃陸續紛紛斥去。爲求新法貫徹施行，乃致啓用新人，新人本乏處事經歷，且又氣盛，短時難展新法功效，招致民怨，遂使新法功虧一簣，後世反將北宋淪亡之責，歸咎新法，歸罪荊公，爲之奈何。史稱元豐元年神宗實行新法，已有悔意，中途罷革，荊公黜相，退居江寧，此言極不確矣。元豐二年慈聖光獻皇后（仁宗之后，神宗之祖母），雖於撤簾仍然干政。一再反對新法，力主黜斥荊公，詳細情節并本節後述之。而荊公遂於元豐二年罷黜相位，退居江寧，是否與慈聖皇后之命有關，令人生疑。至於新法元豐元年神宗並未罷革，荊公仍為尙書左僕射，並晉封舒國公之爵。神宗在位共十八年（熙寧十年，元豐八年），荊公為相尙不足七年，神宗施行新法始終不懈，一無罷革之意。荊公雖數度退居江寧，神宗依然寵信優渥如故，厚賞加爵，頗堪玩味，是非果與慈聖皇后之命有關矣。所云神宗晚年對新法有悔之言，極為不確。何有此論，實乃偽託「神宗實錄」之妄言也。（蔡上翔之荊公年譜考略記有此言。）

按：宋史卷四百二十一慈聖光獻曹后本傳記載：曹后薨時為元豐二年，薨前命神宗罷黜荊公相位。然荊公於熙寧九年辭相，其年代有差訛，宋史編纂有誤矣。

宋史私評：宋史成於元人之手，元人非有好惡其間也。徒以無識不能別擇史料之眞偽耳。故欲辨宋史當先辨所據之資料。考宋時修神宗實錄，聚訟最紛，幾興大獄。元祐初，范祖禹、黃庭堅、陸佃等同修之。佃數與祖禹、庭堅爭辯，庭堅曰：如公言，蓋佞史也。佃曰：如君言，豈非謗書乎。佃雖學於荊公，然不附於新法。今其言如此，則最初本之神宗實錄。誣罔之辭已多，可以見矣。及紹聖改元，三省同進呈臺諫前後章疏，言實錄院前後所修先帝實錄，類多附會姦言，詆熙豐以來政事。及國史院取范祖禹、趙彥若、黃庭堅所供文狀，各稱別無按據得之傳聞事。上曰：文字以盡見，史臣敢如此誕慢不恭。章惇曰：不惟多稱得於傳聞，雖有臣僚家取到文字，亦不可信。但其言以傳聞修史，豈誕敢如此。安燾曰：自古史官未有如此者，亦朝庭不幸。此雖出於反對元祐者之口，其言亦不無可信。……於是有詔命蔡卞等重修實錄，卞取荆公所著熙寧日錄以進，將元祐本塗改甚多，以朱筆抹之，號稱「朱墨本」，是爲第二次之實錄。而元祐諸人，又攻之不已。……南渡後，紹興四年范沖再修成之以進，是爲第三次實錄。宋史所據，即此本也。自紹聖至紹興元祐黨人，竄逐顛播者三十餘年，深怨積憤，而范沖又爲范祖禹之子，繼其父業，變本加厲以恣報復。而荆公自著之日錄，與紹聖間朱墨本之實錄悉從燬滅無可考見。宋史遂據一面之詞，以成信讞，而沉冤遂永世莫白矣。凡史中醜詆荆公之語，以他書證之，其誣衊之跡，確然可考見者十之六七。近儒李氏紱、蔡氏上翔辨證甚博。（上摘自梁任公之王安石評傳第一章，另王德毅之北宋九朝實錄考亦載之。）

元祐黨人似乎對荊公無所不用其極，范沖未經高宗詔旨竟然擅改神宗實錄以進，誠乃「克紹箕裘」也。高宗亦不以爲忤，朝綱何在歟？宋史爲元人所編纂，脫脫丞相雖爲奉詔編纂，蒙古人對漢學及中原史實有深厚根基者，畢竟爲數不多，故不得不起用南宋遺民，其中豈無元祐黨人之門人或子孫滲入其中。熙豐新法不獨范沖所竄改之神宗實錄照單全收外，舉凡宋代詆詖新法，攻訐荊公之稗史文字皆照鈔不誤。如宋史王安石傳中，邵伯溫所贗作之辨姦論亦列入在內（明代柯維騏之宋史新編亦鈔入之）。如此史書豈可信乎！宋史之編纂非如宋史私評之言：「元人非有所好惡於其間也，徒以無識不能別擇史料之眞僞耳」。實有其好惡之意，豈非不能鑑別史實之眞僞。此乃元祐黨人之後代，故意歪曲史實以洩私忿，非不可能耳。

南宋何以放任元祐黨人恣情妄爲，肆意竄改史實，歪曲前朝先帝之政舉，不獨荊公及新法，且波及神宗、哲宗等。冒瀆君主宗廟其罪如何？據「陶朱新錄」一書，四庫全書提要對其考證云：『……附元祐黨籍一碑與全書體例頗爲不類，考錄中所記，馬默思郭眞人詩，純蓋默之諸孫，默在神宗朝以戶部侍郎寶文閣侍制致仕，奉祠後入黨籍。南渡之後，力反宣和之政，以收人心，凡黨人子孫皆從優敘。故張綱華陽集中有論：其除授太濫，然士大夫終以爲榮。純載是碑，蓋以其祖之故。亦陸游自稱元祐黨家之意云。』（按：馬默於元祐黨人碑侍制官類第十名。）建炎、紹興年間元祐黨人充斥於朝，如蘇軾昆仲之蜀黨，程頤之門人洛黨等。高宗收攬元祐黨人以鞏固其權勢，而南面稱孤道寡，摒棄國讎，靖康之恥父兄被擄而不顧，縱容黨人，以致囂張猖狂若此矣。梁谿漫志、困學記聞均有記之，元祐黨人碑中僅七十八人，而馬純之記卻有三百九人之衆。梁谿漫志云：於是正邪混淆，非其正人而入元祐黨者，蓋十六七人。困學記聞云：元祐之黨劉元城謂七十八人，後來附益者，非也。故知其所附益者爲求褒贈無恥之徒，亦即附和黨人而攻訐新法及荊公也。宋史私評云：荊公所以受誣千載而莫能白者，皆由元祐諸賢之子孫及蘇程門人故吏爲已甚之詞。及道學既爲世所尊者，而蜚語遂成鐵案。四庫全書提要推論宋史舛謬之故，由於專表彰道學，而他事不措意誠然哉。如方勺之附蘇軾蜀黨，朱熹之附程頤洛黨，而方、朱二人均爲南宋之民，與元祐黨錮之爭毫無瓜葛可言，卻撰「泊宅記、五朝名臣言行錄」，鈔錄辨姦論而詆詖新法及荊公，其意旨何在，一言以蔽之，附益元祐黨籍在於求褒求贈也。此爲一代碩儒道學先生歟？

元祐黨人攻訐新法及荊公爲禍國殃民，並波及神宗，謂其昏庸懦弱不克勝任之君主，僅寵信小人矣。宋史神宗紀贊曰：「帝天性孝友，其入事兩宮必侍立終日，雖寒暑不變。嘗與岐、嘉二王讀書東宮，侍講王陶講論經史，輒相率拜之。由是中外翕然稱賢。其繼位也，小心謙抑，敬畏輔相，求直言，察民隱，恤孤獨，養耆老，振匱乏，不治宮室，不事游幸。」

依上所論，神宗謙虛禮士，克己體國之賢明君主也。清初王夫之所著「宋論」仍承元祐黨人之遺毒，于神宗篇（卷六）云：「言有大而無實，無實不詳之言也。明主知之，知其拓落而以相震，則一聞其說，而屛退之惟恐不速。惟智小而圖大，志陋而飾其短者，樂引取之，以箝天下之口而遂其非。不然，望而知其妄人，豈難辨哉。王安石之入對，首以大言震神宗。……言及此而韓、富、司馬諸公，亦且未如之何也。……姦人非妄，不足以利其姦，妄人非姦，無因而生其妄。妄人興而不祥之禍，延於天下。」又云：「神宗有不能暢言之隱，當國大臣，無能達其意而善譎之者，於王安石乘之以進。」王夫之所言：「大言震神宗」。此乃引宋史王安石本傳所言，神宗召見荊公，荊公奏言：願神宗效法堯舜，以王道仁義治理天下，而非以唐太宗爲已足之意。宋史本意在言神宗有勵治圖強之志，荊公則存忠誠輔弼之心，導神宗施政有弘遠之願也。未識王夫之卻不解之，反言荊公有大言惑主之意。誠所謂「欲加其罪，何患無辭」。孔孟之學，治國之道，首推堯舜禹湯文武周公之王道精神，亦夫王夫之爲一代碩儒焉能不知之，其學術主旨何在歟？

王夫之所撰宋論哲宗篇（卷七）亦有云：「哲宗在位十有五年，政出自太后者，凡八年。哲宗親政以還凡六年，紹聖改元以後，其進小人復苛政，爲天下病者勿論矣。元祐之政，抑有難於覆理者焉。紹聖之所爲，反元祐而實效之也。則元祐之所爲，矯熙豐而抑未嘗不效之，且啓紹聖而使可效者也。嗚呼！宋之不亂以危亡者幾希哉。」

綜上宋論所言，北宋之亡並非在於荊公與新法，而係於攝政太后與皇帝之間權力衝突也。宋論復又於徽宗篇（卷八）云：「宋之不靖也，自景祐（仁宗年號）而一變矣，熙寧而再變，元祐而三變，紹聖而四變，至是而五變（徽宗崇寧年）。國之靡定，不待智者而知矣！」由此可知北宋衰亡，而在百餘年之間，政局已有五變更，政治何能修明，國勢何能強盛，焉有不亡之理乎！北宋尚有眞宗天禧劉后之變，王夫之卻遺漏而未言及。北宋經由劉后、曹后、高后、向后四次母后攝政，眞宗、仁宗、英宗、哲宗、徽宗等五次受制於婦人之箝制，牝雞司晨北宋焉有強盛之理乎？元祐黨人於宣仁皇后攝政九年之久。何未能挽回狂瀾而強盛北宋，殲滅北方強敵之遼金等，反有靖康之恥矣。何謂「姦人、諸公」歟？王夫之所言前後自相矛盾，實難自圓其說也。

宋論又云：「熙豐新法，害之已烈者，青苗、方田、均輸、市易皆未久而漸罷。哲徽之季，姦臣進紹述之說，亦弗能強天下以必行。至於後世，人知其虐，無復有言者矣。」（卷六神宗篇）王夫之此言，頗爲武斷，熙豐新法無一不佳，乃因元祐「諸賢」掣肘詆毀，人謀不臧而遭失敗之。梁任公對青苗法之闡釋云：青苗法者，頗有類似官辨之勸業銀行，荊公惠民之政也。梁任公復又以宋史食貨志解釋綦詳（詳王安石評傳第十章）。試看今日東亞各國均有採用熙豐新法者，無不是惠民之政也。既歐西各國亦兼有採用之者頗多之。豈如王夫之所云：「至於後世，人知其虐，無復有言者矣。」謬耶！腐儒之見也！

元祐黨禍應肇自元祐初年，梁燾、劉摯等書荊公及蔡確等謗牓，以及宣仁皇后罷革新法，盡斥新黨而起。哲宗親政，紹聖改元，召回新黨，章惇等作元祐黨人碑，從此黨禍綿延不絕，直至宋代滅亡而後已。然黨禍與荊公又有何涉，荊公於元祐元年四月即已謝世，在世之日既未羅致黨羽，又未壓抑司馬光、呂公著等輩。在朝之時雖以朝政與司馬光發生爭執，隨即以書扎向司馬光解釋之。荊公自始即未涉及元祐黨禍，然元祐黨人祇因熙寧年初，神宗未予採納彼等保守意見，啓用新法而遷怒于荊公，以使荊公而成元祐黨人攻擊之首要對象，乃至南宋末年仍爲元祐黨人以文字合力攻訐之。如司馬光之涑水記聞，魏泰之東軒筆錄，邵伯溫之聞見錄，蘇軾之司馬光行狀，蘇轍之龍川略志。南渡後，邵博之聞見後錄，方勺之泊宅記，朱熹之五朝名臣言行錄及朱子語類等等，不勝枚舉之，無不對荊公極盡詆毀之能事矣！紹聖時章惇、呂惠卿等對元祐黨人之還擊，此時荊公謝世已將十年之久矣。至崇寧時蔡京四度爲相，對元祐黨人之壓制，乃由於范祖禹、楊時等輩之猖獗而起，此時荊公謝世已將一甲子，一切皆與荊公無涉，何怨荊公之有？令人歎息之。

南渡後，高宗臨安，南面稱孤，改元建炎、紹興爲求穩固政權。並爲掩飾其父兄徽宗、欽宗亡國失士之責，乃委過於熙豐新法，誠如馬默所言，縱容元祐黨人之子孫及門人竭力攻訐新法，並詆詖荊公。除方勺、朱熹等輩外，尚有趙令時之侯鯖錄，蘇轍之孫蘇籀之欒城遺言，費袞之梁谿漫志，甚至陸游之老學庵筆記亦隨聲附和，而詆詖荊公，不可勝數。其中依范沖爲最劇，擅自竄改神宗實錄，妄編哲宗實錄，並焚燬熙寧日錄及朱墨本等。特將北宋淪亡之責，委過於新法，科罪於荊公，元祐黨人乃假公濟私爲所欲爲也。編纂宋史，復以僞爲眞，貽禍後世矣。明清兩代腐儒閱讀宋史，不察眞僞，和而倡之。如楊愼之丹鉛餘錄，陸深之儼山外集，其子陸楫之古今說海，何良俊之語林，王士禎之分甘餘話等，無不是吠聲吠影也。再依史學而言：亦復推波助瀾，因此荊公罪孽一身。新法乃禍國殃民之政也。如明代唐應得之「史纂左編」，撰著荊公部份約二萬六千餘言，均無一字一句之美言。王夫之之宋論於神宗、哲宗、徽宗三篇中，亦約兩萬餘言，無不誣衊荊公，無一字一句不在詆詖之。柯維騏之宋史新編及茅坤之王安石本傳，均鈔錄於宋史王安石傳，何有公正眞實可言。即使狷介之士如鄭燮之漁家傲，不分皀白，對新法亦有所訾議之。如是史書豈不令人痛心哉。誠如梁任公言，讀宋史王荊公傳，撫卷而長歎也。直至明代嘉靖年間章袞及陳汝錡，清康熙年代李紱及嘉慶年代蔡上翔二氏，方爲荊公翻案之始也。民國初年梁任公作「王安石評傳」乃徹頭徹尾爲荊公辨正，洗清荊公千年之冤獄矣。

青苗法果一無是處歟?明代李日華(萬歷巳丑進士,官至太僕寺少卿)。所撰六研齋筆記言及青苗法爲荊公德政,頗加歌頌之。玆錄於后:

六研齋筆記:王介甫令吾浙之鄞,鄞濱海,其民冬夏乘筏採捕爲生,有田率在山麓。取灌泉水,澇則泄以達海旱則瀦以養田。故民指田爲質,以貸豪右之金,豪右得乘急重息之。介甫特出官錢輕息以貸,至秋田畝之入安然足償,所謂青苗法也。於鄞實善政,及爲相,必欲推而遍天下,則非也。鄞人至今德之,立祠陀山下,神亦至靈。

(卷一)

荊公爲政時,仁民愛物,朱熹於朱子語類中略記之,殊爲難見。並將其恩師程頤附加一筆,可恥!特記於后:

朱子語類:南渡以前,士大夫皆不用轎,如王荊公伊川皆云,朝士皆乘馬。或有老病,朝廷賜令乘轎,猶力辭後受。自南渡後,至今爲人無不乘轎矣。(卷一百二十八)

張孟倫氏所撰之「宋代興亡史」，雖爲公正，然其中稍有瑕疵，如第三章言及歐陽修與新法不合，被貶一節，與歐陽文忠公年譜記載有異。英宗治平三年因濮議之事，力求去不允，四年御史彭思永等蜚語污文忠公，復力求去，三月轉刑部尚書知亳州。熙寧元年上表致仕。不允轉兵部尚書改知青州。四年在蔡，累章告老，以觀文殿學士太子少師致仕，五年七月與世長辭。而荊公於熙寧元年四月以前尚知江寧，並未在京，新法於二年方逐步實施之。文忠公外放之事與新法無關。張氏謬誤特予訂正之。

北宋僅一百五十餘年之久，卻有四位母后攝政，開國二位帝王除外，幾乎每立一位帝王即有母后攝政。仁宗之有劉后，英宗之有曹后，哲宗之有高后，徽宗之有向后。除神宗、欽宗外。北宋共有九位帝王竟有四位母后干政，神宗雖無母后攝政，而曹后、高后二人對其朝政影響至鉅。欽宗在位僅有年餘，即有靖康之恥。靖康二年四月被俘北上。北宋政治何能修明，不言而喻矣！茲述於后：

章獻明肅劉皇后：祥符中爲修儀進德妃，自章穆崩，眞宗欲立皇后，大臣多以爲不可，帝卒立之。李宸妃生仁宗，后以爲己子，與楊淑妃撫視甚至。后性警悟，曉書史，聞朝廷事能記本末。……天禧四年帝久疾居宮中，事多決於后。宰相寇準密謀議奏請皇太子監國，以謀泄罷相，用丁謂代之。既而入內都知周懷政謀后殺謂，復用準以輔太子。……明日誅懷政貶準衡州司馬。於是詔皇太子，開資善堂引大臣決天下事，后裁制於內，眞宗崩，遺詔尊后爲皇太后。（宋史卷二百四十二）

章獻皇后爲北宋第一位攝政女后，達十一年之久。其對政治具有野心，眞宗期間即施展其政治手腕，結黨營私，收攏丁謂、楊崇勳等乃欲奪取政權。時仁宗年僅十四歲，寇準、周懷政等似是保皇黨，而被殲滅之。司馬光之涑水記聞記載之。章獻皇后治事極爲專橫，如宋史卷四百二十六吳遵路傳云：『章獻太后稱制，制事得失，下莫敢言。遵路條陳十餘事，語皆切直，忤太后意，出知常州。』章獻皇后專橫至極，據蘇轍之龍川略志卷上云：『章獻垂箔，有方仲弓者上書，乞依武后故事立「劉氏廟」。章獻覽其疏曰：吾不作此負祖宗事，裂而擲於地。……』仁宗待其後登大統，史稱仁恕，亦即懦弱，係受章獻太后自幼箝制有關，仁宗午夜饑甚不寐，思食羊肉竟不敢索取，惟恐因其而啓無窮之屠也（魏泰之東軒筆錄卷一）。當朝皇帝豈須忍一夜之餒矣。茲將涑水記聞錄於后：

涑水記聞：眞宗不豫，寇萊公與內侍省都知周懷政密言於上，請傳位皇太子，上自稱太上皇，上許之。自皇后以下皆不知，既而月餘無所聞。二月二日，上幸後苑，命後宮挑生菜，左右皆散去。懷政伺上獨處，密懷小刀至上所，涕泣言曰：臣所言社稷大計，陛下已許臣等，而月餘不決何也。臣請剖腹以明忠款，因以刀劃其胸，僵仆於地，流血淋漓。上大驚，由是疾作，左右扶輿入禁中，皇后命收懷政入獄。按問其狀，又于宮中索得萊公奏言傳位事。乃命親校楊崇勳密告云。寇準周懷政等謀廢太子，立誅懷政而貶萊公。（卷六）

慈聖光獻曹皇后：慈聖皇后爲仁宗第二位皇后，富有才略，善于機智，頗似乃姑章獻皇后之遺風。仁宗無嗣，收養宗室濮安懿王允讓第十三子曙爲子，後即英宗。於嘉祐八年仁宗崩，英宗即位，時年已三十一歲，本可親政。惟慈聖皇后以英宗健康不佳，並防皇族奪位爲由，而獨攬大權，復效其姑章獻皇后之故技，北宋第二次母后垂簾聽政。嘉祐八年四月八日（英宗即位當年未改元）下詔攝政：

詔曰：朕……踐祚之初，銜哀罔極，遂罹疾恙，未獲痊和。而機政之繁，裁決或壅。皇太后母儀天下，子育朕躬，輔助天朝，練達庶務，因請同于聽覽。……將來聽政

日，請皇太后權同處分。（宋大詔令集卷十四）

慈聖皇后之舉，顯師承唐代武后之法，簒權奪位。較乃姑章獻皇后有過矣。惟其過於自滿，沿用韓琦爲相，百密一疏，反被迫還政英宗，誠始料非所及也。據宋孫什（元祐時中書舍人，紹聖時貶汀州）所撰孫公談圃及元張光祖（元代大德時泉州推官，餘不詳）所撰言行龜鑑等，對慈聖皇后之事蹟均有記載。茲錄於后：

孫公談圃：曹后稱制日，韓琦欲還政於天子。而御寶在太后閤，皇帝行幸即隨駕，琦因奏請素杖求雨，比乘輿還，御寶更不入太后閤。即于簾前述皇帝聖德，都人瞻仰，無不歡慰，且言天下久煩聖慮。太后怒曰：做也由相公，不做也由相公！韓琦獨立簾外不去，乃得一言有允意，即再拜，遂儀鸞司撤簾，上自此親政。（卷中）

言行龜鑑：……韓魏公居相位初，英宗即位，以憂得心疾，太后垂簾聽政。帝遇宦官少恩，左右多不悅者乃讒間，兩宮遂成隙，太后對輔臣常言之。公慮宮中有不測，一日因對以危言感動太后曰：臣等只在外面，不得見官家。內中保護全在太后，若官家

失照顧，太后亦未穩。太后驚曰：相公何是此言，自家更是用心。公即曰：太后照管則眾人自照管。……（卷六）

英宗本爲承祧，慈聖皇后視之爲傀儡，遂以奪權而掌天下，故於仁宗晏駕之時，即下詔書，母儀天下，眷戀權位。英宗即位之日，年屆自立，豈甘雌伏，兩宮自當不和，至於還政，實爲韓琦所逼，迫於無奈耳。復又釀成濮議之爭，以致黨禍不絕矣！然其反對新法極劇，於病篤之際，力逼神宗罷革新法，其本記載綦詳：

本傳：元豐二年冬疾甚，帝視疾寢門。……王安石當國變亂舊章，曹后乘間語神宗，謂祖宗法度不祖輕改。熙寧宗祀前數日，帝至后所。后曰。吾昔聞民間疾苦，必告仁宗，因赦行之。今亦當爾。帝曰：今無他事。后曰：吾聞民間甚苦。青苗、助役宜罷之。安石誠有才學，怨之者甚眾，帝欲愛惜保全之，不若暫出之於外。……（宋史卷二百四十二慈聖光獻曹皇后本傳）

宣仁聖烈高皇后：宣仁皇后爲英宗之后，其母曹氏爲慈聖皇后之姊也。自幼鞠養宮庭，即長由慈聖皇后主持許配英宗。治平二年冊立皇后。共生神宗及岐王等四子，幼年即受其姑亦即其姨慈聖皇后之耳濡目染，養成爭權奪位之習性。神宗繼位，未能攝政，然於元豐八年，神宗病篤時，即扶哲宗繼承大統。按神宗共有皇子十四位，太子未立，哲宗排行爲六，于例不得承繼大統，而經宣仁皇后預爲定計繼位之。南宋朱弁（建炎丁未使金，被扣十七年始歸，餘不詳。）所撰「曲洧舊聞」一書，對宣仁皇后篡位奪權之舉，記載甚詳。另宣仁皇后對內則極端跋扈，對哲宗視若無人，前節已敘，不再贅述。對外主和，北方強寇，息兵圖安，導致北宋積弱衰敗滅亡之途也。宋張端義所撰「貴耳集」亦記載之。茲分錄於后：

曲洧舊聞：裕陵彌留之際，宣仁呼小黃門出紅羅一段，密諭之曰：汝見郡王（哲宗未即位前爲延安郡王）身材長短大小乎？持以歸家，製袍一領見我，親吩附勿令人知也。數日後，哲宗於梓宮前即位，左右進袍皆長大不可御，近侍以不素備，皆倉皇失色，宣仁遣宮嬪取以授之。或曰：小黃門即邵成章也。岐邸之謗大喧，成章不平之，嘗明此事於巨璫，巨璫呵之曰：無妄言，滅爾族也。（卷二，宋史卷二百四十二，后妃傳上，宣仁高后傳中亦載此節：「又陰敕中人梁惟簡，使其妻製十歲兒一黃袍懷以來，蓋密爲踐祚倉卒備也」。）

貴耳集：宣仁太后勸神廟不可輕用兵，當以兩國生靈爲重。縱使獲捷獻俘，不過主上坐正殿受賀而已。生靈肝腦塗地萬萬矣，此眞女主堯舜，神廟自此兵議少息。（卷中）

宣仁皇后於神宗晏駕前，即立哲宗，不立神宗之弟岐王或神宗長子等，其乃貪戀權位而已。哲宗承繼時，年僅十歲，視同傀儡，易予掌控。其罷革新法，召用元祐黨人，是否爲改善朝政，尙有可疑之點。元豐遺老臣如宰相章惇等是否臣服，苟韓琦對慈聖皇后故事重演，逼其撤簾，又當若何？貶斥元豐老臣，召回元祐黨人，此輩失意政客受寵若驚，自當肝腦塗地心悅誠服順從之。因此朝綱迭遭更遞，黨禍日演愈烈，北宋焉有不亡之理乎？新法何罪之有？荊公何罪之有歟？

欽聖憲肅向皇后：欽聖皇后爲神宗之后，哲宗於元符三年春正月病篤，未幾晏駕。欽聖皇后垂簾哭謂群臣云：大行皇帝無子，天下事須早定。宰相章惇力主立哲宗同母弟簡王，或神宗之九子申王（當時以申王爲最長）。欽聖皇后以申王有目疾不可繼承大統，立簡王亦不贊同，而立申王之弟端王繼位爲徽宗，徽宗時年二十。故須欽聖太后之協助，欽聖皇后順理成章而垂簾聽政，承襲北宋母后攝政之惡劣遺風也。同年二月立即貶逐章惇，以吏部尙書韓忠彥爲門下侍郎，資政殿大學士，四月拜右僕射。同四月范純仁、蘇軾等皆內調復官。五月罷蔡卞等，另將文彥博、司馬光、王珪、呂公著、呂大防、劉摯等三十餘人均予追封之。元祐黨人復又得勢，朝綱再一次更遞，黨禍再一次激烈，北宋對衰敗之途，大幅邁進一步矣。新法何罪之有？荊公何罪之有乎？惟欽聖皇后攝政之時爲最短，至同年六月因身體健康不佳，遂予還政，翌年正月即薨。（參考宋史卷二百四十三欽聖皇后本傳，卷十九徽宗本紀一）

北宋自眞宗晏駕後，歷經章獻劉后起，以後四次母后專政，較漢代之呂后，唐代之武后更爲嚴重之。此四位皇太后均爲婆媳，一脈相傳，本身均無所出。其立君之事與慣例相悖而行，立幼不立長，立弱不立強，此乃便以操縱幼主，而專政也。其中以章獻劉后攝政十一年爲最久。慈聖曹后雖僅十三個月，實爲韓琦所逼而撤簾，非出其自願也。故宣仁高后及欽聖向后二位，有前車之鑑，攝政之始即將舊臣悉數貶逐，更換元祐黨人。權利之爭，黨禍迭起，北宋焉有不亡之理矣！且四位皇太后，攝政因循舊例，墨守成規，於嘉祐末年北方契丹敗象已現。偏遇宣仁高后攝政，力主罷戰息兵，坐失良機，未能借勢殲滅強敵，再自章獻劉后爲爭權勢既起黨禍，以丁謂、楊崇勳等，而貶寇準誅周懷政起，黨禍自此不絕矣。慈聖曹后撤簾之時，而導成濮議之爭。宣仁高后及欽聖向后貶斥舊臣，啓用元祐黨人，黨錮之禍，四位皇太后實難脫其責也。北宋國勢，積弱難返，圖強無力，四位皇太后更難脫其責也。新法何罪之有？荊公何罪之有乎？

北宋之亡，尚有一主要原因，必須一提。徽宗是治國之君抑或亡國之君？立徽宗當時，宰相章惇竭力反對，據明代柯維騏之宋史新編卷七云：「章惇曰：簡王同母之弟，且端王輕佻，不可以君天下。皇太后不以爲然，知樞密院曾布叱惇，宜如皇太后聖諭。」（徽宗本紀七）宋史記事本末卷四十八（建中初政）亦記有此節，然此卷最後一段並記云：「帝初立時，曾布叱惇，柩前位定鎮方帝遂惡惇而德布，不知布之姦深猶惇也。」此乃曾布已知徽宗輕佻，嗣後善予控制之。徽宗繼位未足一年欽聖皇太后即薨，未克輔佐此位輕佻紈袴君王長期攝政，誠始料非所及也。試觀徽宗趙佶自繼承大統以來，有無關心處理朝政，是否亡國之君，蓋棺論定，史書已有公平評判之。宋史卷二十二徽宗本紀四云：宣和七年，金人擒遼王後，南侵事態已明。徽宗自知無力治國，遂下詔罪己，乃禪讓予其太子趙桓，立爲欽宗，改元靖康也。自尊爲教主道君太上皇帝，居于龍德宮也。如此；徽宗爲治國之君乎？若論徽宗實乃一位風流文人雅士，而非賢明治國之君也。其文學造詣極高，猶於詩詞，較南唐後主李煜毫不遜色，且有過之矣。更擅長書法丹青，其書法「瘦金體」流傳古今。繪事之鴿毛花卉，可言一絕。而今海內外均有珍藏，尚有多幅存於臺北故宮博物院中，可言詩書畫三絕之君王也。古今書畫家能與之媲美者，爲數實不多見矣。明代徐𤊹之「徐氏筆精」卷五云：

「徽宗所繪白頭翁一幀，題款云：『梔子紅時人正愁，故宮衰草不勝收。秋風吹落青城月，啼得山禽也白頭。』」細品此首七律，若出于文士之手筆，確爲高雅絕綸。反之，一國之君不理朝政，任令綱紀荒蕪。卻以畢生精力致力于文藝，實本末倒置矣。果如章惇之言「輕佻」也。試觀此首白頭翁之詩；一股蕭肅之氣，亡國之兆，業已顯露無遺矣。毫無興隆之象，圖強之志。豈有君王與臣子周邦彥爲名妓李師師爭風之理乎？周氏塡宋詞「少年遊」一闋而譏之。依此徽宗皇帝北宋焉有不亡之理歟？是非正義，應有公平評判之，如此何怨新法之有，荊公豈是罪魁禍首耶！新法本是治國寶典，元祐黨人包藏禍心，恣意掣肘，實爲人謀不臧耳。徽宗被俘後，於北國不堪其苦，曾塡宋詞「眼兒媚、燕山亭」等闋，風格淒切悲愴，足凌駕南唐後主李煜作品之上也。李後主之詞如亡國前之菩薩蠻，亡國後之破陣子、浪淘沙等均以小令居多，徽宗喜以長調爲主，更可將其悲痛之心情，淒切之風格表露無遺。茲將「眼兒媚」一闋錄於后：

眼兒媚：玉京曾憶舊繁華，萬年帝王家。瓊樓玉殿，朝喧弦管，暮列笙琶。　花城人去今蕭肅，春夢繞胡沙。家山何在，忍聽羌管，吹徹梅花。（全宋詞　轉錄南燼記聞卷下）

徽宗於政和中，興畫學畫院，倣舊制設官六階。而舊制以藝進者，不得服緋紫、帶佩魚。至政和宣和間於書畫院之官隔，乃獨許之。又待詔到班，首畫院，書院次之，琴院棋玉院等以次列其下。特重畫院如此。甚至取士之法，於詩文論策外，兼試以畫，開從古今未有之局也。（以上錄自民初鄭昶先生所編之「中國畫學全史」第九章）。如此君王可爲治國之君乎？北宋之亡，禍啓新法乎？禍啓荊公乎？惟待後人察之矣！

李後主因未有新法之「禍胎」，於是亡國之恥，乃自承擔之。萬般罪孽繫於一肩，無可卸責矣。徽宗卻借新法之「禍胎」，將亡國之罪孽推卸於荊公之肩矣，徽宗何其幸耶！宋太宗以牽機藥饗李後主，而金太宗尚未有如此厚待徽宗，使其自享天年，或得新法「禍胎」之庇，方有如此之幸耶！惜乎；靖康之變，徽宗詩詞稿散佚殆盡，苟能編輯成卷，必凌駕李後主之上，應可知也。徽宗詞品中，尚有聲聲慢、念奴嬌、醉落魄、探春令、聒龍謠、臨江仙、月上海棠、滿庭芳、燕山亭、小重山、金蓮繞鳳樓等。另尚有僅存詞目；玲瓏四犯等六闋。（錄自全宋詞）如此；徽宗是治國之君，抑或亡國之君歟！新法何罪之有？荊公何罪之有乎？欲加其罪，何患無辭！更待後人察之矣！

十、熙寧新法與梁啓超先生：

梁啓超，字卓如，一字任甫（後人尊稱之爲任公，或尊稱任父先生），自號飲冰室主人。其撰著極豐，亙古少有人可比之。惟其傳記或各類辭典中，均未提及「王安石評傳」一書。荊公評傳一書共有數十萬言，特將荊公道德風範，學術文章，施政建樹，熙寧新法，無不有詳盡之評述。博古引今，以證其是。評傳共分二十二章，第一章即對荊公評之。（茲摘錄於下）：

國史氏曰：甚矣！知人論世之不易，易也。以余所見，宋太傅荊國王文公安石；其德量汪然若千頃之陂，其氣節嶽然若萬仞之壁，其學術若九流之粹，其文章起八代之衰。其所設施之事功，適應於時代之要求而救其弊，其良法美意，往往傳諸今日，莫之能廢。其見廢者，又大率皆有合於政治之原理，至今東西諸國行之而有效者也。……此千年中，國民之視公何如？吾每讀宋史，未嘗不廢書而慟也。

以不世出之傑，而蒙天下之詬，易世而未湔者。在泰西有克林威爾（Oliver Cromwell 1599–1658），而在吾國則荊公。泰西鄉原之史家，其論克林威爾也。曰亂臣，曰賊子，曰奸險，曰兇殘，曰迷信，曰發狂，曰專制者，曰僞善者，萬喙同聲牢不可破者殆百年，顧及今日而是非大白矣。英國國會先哲畫像數百通，其裒然首座者，則克林威爾也。而吾國民之於荆公則如何？吠影吠聲以醜詆之。舉無以異於元祐紹興之時，其有譽之者，不過賞其文辭，稍進者，亦不過嘉其勇於任事。而其事業之宏遠而偉大，莫或見及，而其高尚之人格，則益如良璞之霾於深礦，永劫莫其光晶也。……

梁任公雖於評傳自敘中云：「非爲過去歷史翻一場公案」。其雖言無翻公案之意，然確有翻公案之實。任公撰此評傳，「翻案」之意旨何在？頗有與荊公同病之感，因其爲主導清代德宗百日維新，而慘遭戊戌政變之被害人，幾乎老命不保。特爲證明百日維新有利於中華民族之興衰，以及清廷國祚之延續，故借以熙寧新法而辯證百日維新之正確性及其重要性，戊戌政變后黨之禍國殃民也。乃有以古證今之義矣。

清德宗光緒二十三年冬（一八九七年），德宗因一八九三年甲午之戰，敗於日本，李鴻章代表清廷訂立馬關條約，喪師辱國，放棄朝鮮，割讓臺澎。世界列強各國相繼向清廷租借土地，開闢商埠。復取得「領事裁判權，內河航運權，關稅自主權」等不平等條約，中國淪爲次殖民地，亡國滅種迫於眉睫之際矣。

德宗憂國如焚，乃採用康有為上書「維新」之議。遂召康有為入宮，欲效日本「明治維新」之舉。日本自一八六七年維新之後，短短三十年間，即躍為世界一等強國。康有為於光緒二十四年（戊戌）四月于北京成立「保國會」；其主旨：「保國、保民、保種」。梁任公為參與保國會之首要，同年六月十日德宗乃詔定國是，實施「維新」。同年九月二十一日，后黨發動武力政變，慈禧太后復出垂簾聽政，維新之舉僅一百零三天，即為全盤盡墨，史稱「戊戌政變」。德宗雖為一國之君，下詔維新，而清廷軍機大權，仍掌握慈禧太后親信軍機大臣榮祿等手中，維新之始，后黨對其既得權力地位及利益，倍受壓迫威脅之感。遂稟奏慈禧太后發動武力政變，幽禁德宗於瀛臺，德宗之師翁同龢革職看管，康有為、梁啟超二人出走日本，譚嗣同、康廣仁、楊深秀、楊銳、林旭、劉光第等六君子死難。維新僅百日之多，故又稱「百日維新」、「德宗維新」、「康梁維新」等名稱。維德宗為一國之君，應為正統，而遭武力政變，幽禁瀛臺，失去自由，史稱之為「戊戌政變」。

維新施行之時，擁護維新者，稱之為帝黨。以翁同龢為首（翁為咸豐進士第一，歷經文宗、穆宗、德宗三朝，德宗時為弘德殿太師），結合朝中擁帝重臣，效忠維新。然翁為維新運動中之守舊人士，主張維護專制帝權，對民權平等諸項則極表反對。康、梁二人為溫和派，較為中庸之之道，不宜徹底摧毀封建制度，易為社會接受，採取漸進主張。而譚嗣同等則爲急進派，步驟較爲激烈，主張君主立憲，根除封建制度。梁任公復又主張開拓洋務，仿效日德等國維新制度與改革步驟之。

維新施政改革內容計分：政治、經濟、軍事、教育等四大項。政治方面；立憲法，開國會，御門誓衆，力圖維新。經濟方面；廢運漕，建鐵路，發展工業。教育方面；廢科舉，設學堂。惟軍事方面，改革較爲顯著；主張廢除弓箭刀石武試，裁綠營，放旗兵，廣設武備學堂，仿效日德制度。如此則較熙寧新法遜色多矣，改革層面遠不及熙寧新法廣泛，此節亦係梁任公主張發展洋務有關，採人之長，補己之短，惟其中師承熙寧新法之處頗爲不少矣。猶以軍事、教育兩部份，梁任公主張與荊公之新法意見有不謀而合之處。維新裁撤旗兵主張似依荊公省兵之制，梁任公於王安石評傳第十一章第一節「省兵」一篇，闡釋保甲保馬建軍強國等制度，極有關連。並將宋代募兵之弊端，闡釋綦詳。梁任公云：「宋以養兵敝其國，擁百萬之兵，所費居歲入三分之二，而不能一戰，稍有識者，未嘗不黯然憂之。然而卒莫能革之者，積重之勢，非豪傑不足以返之。而當時士大夫習於媮惰，其心力未有足任此者也。」又云：「夫冗兵之當省，當時夫既盡人而知之，然而不敢發難者，謂懼兵之變也。然荊公毅然行之，七鬯不驚，則其所謂可懼者安在，毋以諸賢憚於興作，不肯負責任，不肯賈勞怨，寧坐視國家之凋敝，而終不以己之爵位名譽，試於成敗不可知之數也。」復又註云：「……

荊公之保甲法與「省兵」相輔，而攻之者爲無理取鬧也。」並將范鎭、歐陽修及蘇軾等養兵之害諫言，敘述綦詳。茲摘錄於下：

范鎭·（嘉祐年，知諫院）上仁宗書云：今田甚曠，民甚稀，賦歛甚重，國用則不足者，正由兵多故也。議者必曰：以爲備契丹也。……昔漢武以兵困天下者，用兵以征匈奴，空漠北得所欲也。陛下以兵困天下者，不用兵養兵以至是也，非以快所欲也，何苦而爲是乎。

歐陽修·國家自景德罷兵，三十三歲矣。兵嘗經用者，老死無幾，而後來者，未嘗聞金鼓識戰也。生於無事而飽於衣食，其勢不得驕惰也。今衛士入宿，不自持被，而使人持之；禁兵給糧，不自荷而僱人荷之。其驕如此，況肯冒辛苦以戰鬥乎？……

歐陽文忠公又論·……今廂禁之軍，有司不敢役，必不得已暫用之，謂之借倩。彼兵相謂，亦曰官倩我，而官之文符亦曰倩，夫賞者所以酬勞也。……今宋之爲宋，八十年矣。外平僭亂，無抗敵之國。內削藩鎭，無強叛之臣。天下爲一，海內安然，爲國不爲不久矣，天下不爲不廣也。然兵不足以威於外，而敢驕於內，制度不可爲萬世法也。而日益叢雜，一切苟且，不異五代之時，此甚可歎也。

蘇軾・夫兵無事而食，則不可使聚，聚則不可無事而食，此二者相勝不可並行，其勢然也。……且今天下未嘗有戰鬥之事，武夫悍卒，非有勞伐可以邀其上之人，然皆不得爲休息閒居無用之兵者，其意以爲爲天子出戍也。是故美衣豐食，開府庫輦金帛，若有所負，一逆其意則欲群起而噪呼，此爲何者也。……夫土兵日以多，禁兵日以少，夫天子扈從捍城之外，無所復用。如此則內無屯聚仰給之費，而外無遷徙供億之勞，費之省者，又過半矣。

蘇軾又論・三代之兵，不待擇精，其故何也。其兵出農，有常數而無常人。國有事要，以一家而備一正卒，如斯而已矣。……今夫天下之患，在於民不知兵。故兵常驕悍而民常怯，盜賊攻之而不能禦，戎狄掠之而不能抗，今使民得更代而爲兵，兵得復還而爲民，則天下之知兵者眾，而盜賊戎狄將有所忌。

何謂「禁軍」：宋史記事本末，王安石變法一章中云：熙寧三年十二月，改諸路更戍法。太祖懲五代之弊，用趙普策，收四方勁兵，列營京畿，以備宿衛。分番屯戍以捍圉。於是將帥之臣奉朝請命，獷暴之民收隸尺籍。雖有桀驁恣肆，而無所施其間。爲什長之法，階級之辨，使之內外相維，上下相制。截然而不可犯，其後定兵制。天子之衛兵，以守軍師更番戍邊者曰禁軍。諸州之鎭兵，以分給役使者曰廂軍。選於戶籍或應募，使之團結，以爲所在防守者曰鄉軍。具籍塞下，以爲藩籬者曰蕃軍。大抵四者而已。至是，議者以更戍法，雖無難治之患，而兵將不相識，緩急不可恃。……

（卷三十七）

梁任公評之曰：當時養兵之積弊，其萬不能以不革也，明矣。則范、歐陽諸公所建議者，乃即荊公後此所實行者也。而其必有待於荊公者何也，則甚矣，言之易而行之難，天下大業，終非坐論者之所能了也。夫仁宗固優柔之主，不可以語於大計矣。夫神宗則英斷天縱，宜若可輔之以行其言，然帝一議及實行，則群臣相率動色，莫敢負此責任矣。其首沮撓者，則司馬光也。

司馬光·沙汰既多，人情皇惑，大致愁怨。雖國家承平，綱紀素張，此屢恟恟，亦無能爲。然詔書一下，萬一有道路流言，驚動百姓，朝廷欲務省事，復爲收還，則頓失威重。向後不復可號令驕兵，若遂推行，則衆怨難犯，梁室分魏博之兵，致張彥之亂，此事之可鑑者也。

梁任公評司馬光之論云：「溫公此論，殆可爲當時反對黨之代表矣。問其理由，則不過慮驕兵之不可制，一省之遂，激而爲變，而務爲姑息以養癰而已。」綜上言；梁任公評言較爲宛轉耳。實恐非如此，司馬光乃爲反對而反對之，本無須作此反對之論，他人何未有言之矣，實乃無理取鬧也。范鎭、歐陽修等主張此論在先，蘇軾亦附和在後，省兵之議非爲不妥也。

梁任公之評，似有弦外之音。百日維新在軍事方面，竭力主張裁撤八旗兵，維新失敗亦在於八旗兵政變所致。八旗兵除忠誠於慈禧太后外，餘則一無是處，安內對太平天國之戰則一敗塗地，外禦對鴉片戰爭及英法聯軍則不堪一擊。反之則有「雙槍兵」之稱，一枝鐵頭槍（古代花槍），另一枝爲「鴉片煙槍」。清廷豢養如此僅可蠹橐國家糧餉之廢物，其目的何在？而爲保障慈禧老佛爺之政權而已矣。后黨之榮祿、剛毅、李鴻章之流一批酒囊飯袋，得老佛爺之蔭庇，自可尸位素餐矣。梁任公特將「省兵」一事論述綦詳，實影射八旗兵已成無用之驕兵也。故提醒世人，清廷之亡，實非亡於八旗兵不堪一戰之故，實亡於后黨一批無能之徒所爲也。

梁任公除于裁撤八旗兵之主張，效學荊公省兵之處理外，於教育方面之理念與荊公教育作爲頗多神似之處，如：荊公講求學以致用，並採取普及化，反對死讀書。「慈溪縣學記」云：『於此養智仁聖義忠和之士，以至一偏一伎一曲之學，無所不養。而又取士大夫之材，行完潔而其施設已嘗試於位而去者，以爲之師。……則士朝夕所見所聞，無非所以治天下國家之道；其服習必於仁義，而所學必皆盡其材。』上仁宗皇帝萬言書：『……所謂教之之道何也？古者天子諸侯，自國至於鄉黨，皆有學，博置教導之官而嚴其選。朝廷禮樂刑政之事，皆在於學。士所觀而習者，皆先王之法言德行天下之意；其材亦可以爲天下國家之用。……方今州縣雖有學，取牆壁具而已，非有教導之官長育人才之事也。惟太學有教導之官，而亦嘗嚴其選。朝廷禮樂刑政之事，未嘗在於學。學者亦漠然，自以禮樂刑政爲有司之事，而非己所當知也。學者之所教，講說章句而已，講說章句，固年古者教人之道也。』（臨川全集卷三十九書疏）梁任公於光緒二十八年撰「教育當定宗旨」一文，其意旨與荊公教育理念頗有不謀而合之處。其云：『一國之教育，與一人之教育，其理相同。父兄之教子弟也，將來欲使之爲士，欲使之爲農爲工爲商，必定其所嚮焉，然後授之。未有欲爲箕者而使之學冶，欲爲矢者而使學函也；惟國亦然，一國之有公教育也，所以養成一種特色之國民，使之結爲團體，以自立競存於優勝劣敗之場也。（飮冰室全集卷十）荊公所言：一偏一伎一曲之學，無所不養。與梁任公之爲士爲農爲工爲商等主張，皆爲普及教育之旨。能學以致用，而非死讀書也。至於政治部份：立憲法、開國會；經濟部份：廢運河、建鐵路等，此因時代不同，相距千年之間，自有所差異也。

梁任公于評傳中復記載：元祐黨人禁錮荊公之學術等事實，實爲卑劣至極。特記於后：

評傳：荊公未嘗禁人王氏以外之學說，而反對荊公者，則禁人習王氏學說。然則束縛思想自由言論自由，爲荊公耶！爲反對荊公耶！是又不可不察也。哲宗元祐元年國子司業黃隱焚三經義之版，禁諸生誦習矣。大學諸生聞荊公之薨，欲設齋致奠，且禁之矣。二年，下詔禁止科舉用王氏經義字說矣。欽宗靖康間，祭酒楊時奏言王安石著爲邪說，以塗學者耳目，請追奪王爵，使邪說淫亂不能爲學者惑矣。高宗紹興六年，張浚爲相，又申臨川學禁矣，由此觀之，以荊公視諸賢何如哉？當楊時之詆王學也。御史中丞王過庭劾之云：『五經義微，諸家因而異見，所不能免也。以所是者爲正，所否者爲邪，此乃一偏之大失也。頃者指蘇軾爲邪學而加禁切，已弛其禁，許採其長而用之，實爲屈論。祭酒楊時矯枉太過復詆王氏以爲邪說，此又非也。諸生習用王學，率眾見時而詆詈之。時引避不出，乃得散退，此亦足以見時之不能服眾矣。』此言可爲篤論，楊時何人，即爲程門高弟，依附蔡京以干進。而學者尊之爲龜山先生，從祀孔子廟庭至今未廢者也。而諸儒之所以尊之者，蓋又以其排斥王學之功獨高也。當時程氏之徒，自以其學爲孔子之正統，凡異己者，皆攘斥之。……有宋之黨爭，前此不過在政見之異同耳。及程氏之徒得志，始焉禁錮蘇氏之蜀學，繼焉禁錮王學，自是學黨之爭日烈，而政界又益相水火，以至終宋之世誰生厲階，君子不能不深惡痛絕於楊時輩也。（第十二章 第一節）

熙寧新法與戊戌政變失敗之處，頗多雷同。兩案雖均爲勵治圖張拯國救民之良法，然均爲頑固守舊之朝臣掣肘反對復加破壞。其次，皆爲朝立幼君，太后垂簾，把持朝政，墨守成規，不求開創，並聽信守舊朝臣之蠱惑而扼煞新法之。新法爲當朝攝政太后所扼煞，並非新法不良而遭淘汰之。再次，因新法摧毀後，朝廷即慘受淪亡之噩運。北宋尚可維持將數十年之苟延殘喘小康局面，而滿清僅有十年歲月即告傾覆之。其唯一不同之處，北宋歷朝君王均爲寬厚，不論元祐黨人或新黨均爲貶斥而已。然滿清因異族關係，則大開殺戒，盡誅帝黨人士，殘酷異常也。譚嗣同等六君子死難即一例也。

戊戌政變之變法維新，改革方案之擘畫事宜，梁任公爲主要主持人，其於光緒二十二年秋。論述「不變法之害及變法之宜」一文中云：

> 法者：天下之公器也；變者：天下之公理也。大地既通萬國蒸蒸，日趨於上，非可閼制。變亦變，不變亦變。變而變者，變之權操諸己，可以保國，可以保種，可以保教；不變而變者，變之權操於人，束縛之，馳驟之。嗚呼！則非吾之所敢言也。（錄自湯志鈞氏戊戌政變人物傳　梁啓超篇）

梁任公雖力主變法維新，卻忠於清廷。戊戌政變失敗後，流亡日本，創辦各項新聞刊物，竭力推崇君主立憲。光緒二十七年，所發表「積弱朔源論」云：「今上皇帝，則忘身捨位，毅然爲中國開數千年未有之民權，非徒爲民權，亦爲國權也。」嗣後極欲擁戴德宗復辟，惜終未能如其願。光緒三十一年，中國同盟會成立，梁任公則主張「開明專制」，以種族革命與政治革命不能相容也。宣統三年，武昌起義，民國肇造，則言「天禍中國，糜爛遂至今日」。其後與北洋軍閥等共組「進步黨」，供職於北平軍閥政府。袁世凱洪憲稱帝，而反對專制帝制，復又與蔡鍔等共同合力倒袁之。梁任公仍以君主立憲爲重，而非以民主共和也。（摘自湯志鈞氏戊戌政變人物傳　梁啓超篇）

試論戊戌政變，變法維新苟若成功，對中華民族是禍是福亦爲未定之數。德宗維新，實施君主立憲，中國早日強盛，除可免卻列強之侵略，亦可免除諸多重大災難。首先則不致發生拳匪之亂，遭受八國聯軍之禍。其次不致有袁世凱稱帝，與日本訂立二十一條不平等條約，再度挑起日本侵略之野心。更不致有北洋軍閥割據爲害，至國民革命軍北伐完成爲止。迨稍定未幾，七七事變，日寇侵華，八年抗戰等等，內憂外患，兵燹之災，荼毒生靈千千萬，損失國家資源無計其數，更阻撓國力之發展，諸多不幸史實之發生，皆由慈禧太后一手而造成之。北宋亡於金，南宋亡於元，亦受太后攝政之故，滿清雖未遭列強瓜分，乃託民國肇造，武昌起義之福也。吾國何其不幸耶！梁任公言：每讀宋史，未嘗不廢書而慟也。而今日吾人每讀近百年列強侵華史，未嘗不憤恨欲絕耶！

十一、摘錄「王安石評傳」：

梁任公對荊公之學術、思想、修爲及新法之精義、阻撓、誹謗等。特於其所著「王安石評傳」中撰述綦詳。此書目前市面書坊已不多見，故將其對荊公辨正重點，而逐次簡略摘錄介紹之：評傳共二十二章，二十餘萬言，分段述之於后：

第一章　敘論：荊公之學術、思想、修爲及新法考證等，並摘錄南宋陸象山所撰「荊公王文公祠堂記」。元代顏習齋之「宋史評傳」。清代蔡上翔之「王荊公年譜考略」。宋史私評等等。

荊公王文公祠堂記·（荊公辯證部份，前文已敘。）元祐大臣，一切更張，豈所謂無偏無黨者哉。所貴乎玉者，瑕瑜不相掩也。古之信史，直書其事，是非善惡，靡不畢見，勸懲鑑戒，後世所賴。……公世居臨川，罷政徙於金陵，宣和年故廬邱墟。鄉人屬縣，立祠於上。紹興初常加葺焉，逮今四十年。隳圮已甚，過者咨歎。今怪力之祠，綿綿不絕。而公以蓋世之英，絕俗之操，山川炳靈，殆不世有。其廟貌不嚴，邦人無所致敬，無乃議論之不公，人心之畏疑，使至是邪！……

宋史評傳·……范祖禹、黃庭堅修神宗實錄，務詆荆公。陸佃曰：此謗書也。既而蔡卞重行刊定。元祐黨起，又行盡改，則宋史尚可信邪！其指斥荆公者是邪非邪？雖然，一人是非何足辨，所恨誣此一人，而遂君父之讎也。而天下後世，遂群以苟安頹靡爲君子，而建功立業欲揞柱乾坤者爲小人，豈獨荆公之不幸，宋之不幸也哉。……

王荆公年譜考略·……由元至明中葉，則有若周德恭，謂神宗合赧亥桓靈爲一人。有若楊用修，斥安石合伯鯀商鞅莽操懿溫爲一人，抑又甚焉。又其前若蘇子瞻作溫公行狀，至九千四百餘言。而詆安石者居其半，無論古無此體。即子瞻安得有如是之文。後明有唐應德者，著史纂左編，傳安石至二萬六千五百餘言，亦無一美言一善行，是尚可與言史事乎哉！……

宋史私評·（前文摘述）蔡氏（上翔）所撰荆公年譜載靖康初楊時論蔡京疏，有南宋無名氏書其後云：「荆公之時，國家全盛。熙河之捷，擴地數千里，開國百年以來所未有者。元祐諸賢之子孫，及蘇程之門人故吏。發憤於黨禁之禍，以攻蔡京爲未足，乃以敗亂之由，推原於荊公，皆妄說哉。其實徽欽之禍，由於蔡京，蔡京之用，由次溫公。而龜山之進，又由於蔡京。波瀾相推，全與荊公無涉。至次龜山在徽宗時，不攻蔡京而攻荊公，則感京之恩，畏京之勢，而欺荊公已死者爲易與，故舍時政而追往事。」……

第二章　第三章　荊公之時代：梁任公撰述分爲上、下二篇，此二篇實未論敘荊公仕途與執政經過。上篇第二章論敘宋代立國政策錯誤及失敗，下篇第三章論敘北宋黨錮之禍，以證北宋之亡，而科責於荊公之謬也。梁任公於此章之首，開宗明義慨敘宋初立國方針之謬。茲摘錄之：

自有史以來，中國之不競，未有甚於宋之時者也。宋之不競，其故安在。始焉，起於太祖之猜忌。中焉，成於眞宗之泄沓。終焉，斷送於朋黨之擠排。而荊公則不幸而丁夫其間，致命遂志以與時勢抗，而卒未能勝之者也。知此則可與語荊公矣。

夫吾所謂宋祖之政策，在弱其兵弱其將以弱其民者何也。募兵之惡法，雖濫觴於唐，而實確定於宋。宋制總天下之兵，集諸京師，而其籍兵也以募，蓋收國中獷悍失職之民而畜之。每乘凶歲，則募饑民以增其額。史家頌之曰：此擾役強悍銷彌爭亂之深意也。質而言之，實則欲使天子宿衛以外，舉國中無一強有力之人，所謂弱其民者此也。

國之大政，曰兵與財，宋之兵皆若此矣。其財政則又何如？宋人以聚兵京師之故，舉天下山澤之利，悉入天庾以供廩賜，而外無留財。開國之初，養兵僅二十萬，其他冗費，亦不甚多，故府庫恆有羨餘。及太祖開寶之末，而兵籍凡三十七萬八千。太宗至道間，增而至六十六萬六千。眞宗天禧間，增而至九十一萬二千。仁宗慶歷間，增而至一百二十五萬九千。其英宗治平間及神宗熙寧之初，數略稱是，兵既日增，而竭脂膏以優廩之。……夫宋之民非能富於其舊也。而二十年間，所輸賦增益十倍，將何以聊生。況乎！嘉祐治平以來，歲出超過之額，恆二千餘萬。洎荆公執政之始，而宋之政府及國民，其去破產蓋一間耳。而當時號稱賢士大夫者，乃嘵嘵然責荆公以言財利，試問無荆公之理財，而宋之爲宋，尚能一朝居焉否也。

當時內外形勢之煎迫，既已若是。而宋之君臣，所以應之者何如？眞宗侈汰，斲喪國家之元氣，不必論矣。仁宗號稱賢主，而律以春秋責備賢者之義，則雖謂宋之敝始於仁宗可也。……

平心論之，仁宗固中主而可以爲善者也。使得大有爲之臣以左右之。宋固可以自振，當時宰執，史稱多賢，夷考其實，則凡才充牣，而上駟殆絕。其能知治體有改弦更張之志者，惟一范仲淹，論其志略，尚下荆公數等。然已以信任不專，被間以去。其餘最著者，若韓琦、若富弼、若文彥博、若歐陽修輩，其道德學問文章，皆類足以照耀千古。其立朝也，則於調燮宮廷，補拾闕漏，雖有可觀。然不揣其本而齊其末，當此內憂外患煎迫之時，其於起積衰而厝國於久安，蓋未克任。……當此之時，而有如荆公者，起而擾其清夢，其相率而讎之也亦宜。

嗚呼！仁宗之世，號稱有宋全盛時代，舉國驩虞如也。而荆公憂危之深，至次如此。不惜援晉武以方其主，而懼中國之淪於夷狄，公果杞人乎哉？嗚呼靖康之禍，公先見之矣。（此述荆公上仁宗萬言書，未爲仁宗採納，荆公已見宋之將敝矣。）

此章詳述北宋自太祖至仁宗嘉祐之年，雖言承平，衰象已露，而朝廷重臣享於安樂，昧次憂患。誠如梁任公於此章中之言：「外此袞袞以迄蚩蚩，則嬉太平，不復知天地間有所謂憂患」。惟荆公智者而知之，仁者而行之，勇者而任之。然不爲庸碌之輩而所容，以致相率而爲讎也。

第三章爲論及黨錮之禍，其云：「宋朋黨之禍，雖極於元祐紹興之後，而實濫觴於仁、英二朝；其開之者，則仁宗時范呂之爭。其張之者，則英宗之濮議也。」元祐黨禍固足使宋室宗廟崩塌。然黨禍其首創者，應非范呂之爭，當屬眞宗時寇準、周懷政與丁謂、楊崇勳立太子監國之爭。劉后爲求奪權垂簾，而肇黨禍之始也。（前文已敘。）梁任公對荊公施行新法，而遭此千古之冤。黨錮之禍如此慘烈，於本章結語時所言極爲悲壯也。

夫以當時朋黨之見，如此其重。士大夫之競於意氣，如此其烈。爲執政者惟有實行鄉愿主義，一事不辦，閹然媚世，庶可以自存。苟有所舉措，無論爲善爲惡，皆足以供給彼輩題目，而使居之爲奇貨。如歐公濮議所云云者，而荊公乃毅然以一身負荷。取百年苟且相沿之法度而更張之，其叢天下之謗於一身，固其宜耳。夫范文正所改革者，不過裁恩蔭之陋，嚴察吏之典，補苴時弊之一二事耳。然已盈廷訌之，僅三月不安其位。亦幸而仁宗委任不專耳。使仁宗而能以神宗而待荊公者待文正，則荊公之惡名，文正早尸之矣。故雖謂范文正爲未成之荊公，荊公爲已成之范文正可也。夫以當時之形勢，其萬不能不變法也。既若彼而以當時之風氣，其萬不能變法也。又若此，吾於荊公，不得不敬其志而悲其遇也。（本章附有歐陽文忠公之濮議全文，濮議全文現僅存於歐陽文忠公全集卷五中。）

第四章　荊公之略傳：本章爲評傳中最短之一篇，僅五百餘字，依蔡上翔之荊公年譜考略編之，未採用宋史荊公本傳。蔡氏年譜考略僅至於元祐元年荊公謝世，本章略加「凡公罷相後居江寧又九年，紹聖中謚曰文公」等二句。至於徽宗、欽宗、南宋高宗、理宗等加封或削爵，均未提及並詳述之。

第五、六、七等三章　執政前之荊公：此三章共分爲上、中、下三篇。依題目而論之，應論述荊公於任相職之前，京外任職之政績，如知淮南、鄞縣、舒州之施政等，非也。乃爲本傳中對荊公不實記載及歪曲各項之辨正。茲分章摘錄於后：

第五章（上）：論述荊公之氣度及修爲，並考證宋史或雜記所載之妄，略摘錄之：

荆公之學，不聞其所師授。蓋身體力行，深造而自得之。而輔仁之友，則亦有焉。……

公固守道自重，不汲汲於用世。而玉蘊山輝，不能自閟。賢士大夫，稍稍知之而樂稱道之，其交公最蚤者，則曾鞏也。鞏與歐陽修書：「鞏之友有王安石者，文甚古，行稱其文。雖已科名，然居今知安石者尚少也。彼識自重，不願知於人。然如此人，古今不常有。今時所及，雖無常人千萬，不害也。願如安石，此不吾失也」。梁任公復考證宋史荊公本傳等所記妄語，特舉例有三：宋史本傳稱：「曾鞏攜王安石文示歐陽修，修爲之延譽，擢進士上節」。 今按此妄語也。鞏上修書，有先生使河北之語，（註：歐陽文忠公使河北）其事在慶歷六年，而公之成進士，在慶歷四年，且書中明有已得科名之語。則公之得第，非藉揄揚甚明。宋史開口便誣，閉口便誣，何以示信。本傳又云：「安石本楚士，未知名於中朝，以韓、呂二族爲巨室，欲藉以取重，乃深與韓絳絳弟維及呂公著三人交，三人更稱揚之，名始盛」。 今按又妄語也。陳襄當皇祐間，已稱公文辭政事，著聞於詩。歐公亦言學問文章，知名當世。而韓維者，則文潞公以之與公同薦者也。呂公著者，又歐陽公以之與公同薦者也。然則韓呂安能重公，而公亦安藉韓呂以爲重哉？……今如宋史所記，則一干祿無恥小人，而居其恆所謂知命守道者，皆飾說以欺人矣。此大有玷公之人格，雖欲勿辨，烏得已也。

荊公少年，交友甚少。曾子固稱其不願知於人。而公答孫少述書，亦云：「某天稟疏介，生平所得，數人而已，兄素固知之。置此數人，復欲強數，指不可詘」。由此觀之，公之寡交可見。而俗史乃有公與濂溪交涉一事，是又不可以不辨。 羅大經鶴林玉露云：荆公少年，不可一世士。獨懷刺候濂溪，三及門三辭焉。荆公恚曰：吾獨不可自求諸六經乎，乃不復見。度正撰周濂溪年譜云：嘉祐五年，先生年四十四，東歸時。王介甫爲江東提點刑獄，年三十九，已號通儒。先生遇之，與連語日夜。介甫退而精思，至忘寢食。（此說本刑恕，恕程氏門人也）。今按此兩說，一言不見，一言已見，既相矛盾。……一何可笑，不知兩說皆妄也。……凡以見當時之所以誣詆荆公者，肆無忌憚，乃至毫無影響之事，而言之若鑿鑿焉。則其他之不可信，皆類是矣。而眞事實之被抹煞而不可見者，又何限哉。

第六章（中）：辨白荆公於熙寧前不欲就館職，元祐黨人蓄意污衊荆公之清高人品，並舉荆公於皇祐三年乞免就試狀爲證。狀云：『准中書劄子，奉聖旨依前降指揮發來赴闕就試者，伏念臣祖母年老，先臣未葬，弟妹當嫁，家貧口衆，難住京師。比嘗以此自陳，乞不就試。慢廢朝命，尚宜有罪。……』等云。皇祐三年爲文彥博所薦，荆公尚有慶歷七年上相府書、嘉祐元年上歐陽文忠公書，三年上富弼相公書，均以家貧爲由，而請免就試館隔。梁任公此章論述簡摘之：

世之論者，每以荊公蚤歲，屢徵館職不赴，及其後除翰林學士，乃一召即應。謂其本熱心富貴，前此不過矯情邀譽，待養望既久，一躍而致大位。嗚呼！何其不考情實，而效舞文之吏，鍛鍊以入人罪耶！荊公之出處，其自審之固甚蚤且熟，用世固其本志也。然素位而行，又其學養之大原也。如謂薄館職而不為，則州縣小吏，其污賤更甚，而曷為安之。匪直安之，而且求之耶！徒以以家貧親老，不得不為祿仕，故不惜自污以行，其心之所安，云爾。及除學士時，則老母已逝，家計稍足以自贍，故遂應之而不辭。則所處者，有異乎前故也。……

第七章（下）：此章專論述荊公於仁宗嘉祐五年上萬言，並將萬言書全文繕錄，分段詳於闡釋。敘云：『荊公於仁宗嘉祐三年（荊公年譜考略，蔡氏編纂為五年）。提點江東刑獄，使還報命，乃上書言事，此書雖為公之政見宣言書可也。後世承學之士，稍治國聞者，慮無不嘗誦公之書。今不避習見，更全錄之。略為疏解，備論古經世者省覽焉。』梁任公雖謙言「略為疏解」，實為詳加闡釋之。（原文摘錄），特將疏解闡釋部份摘錄如后：

原文：……天下大治，而不效至於此。顧內則不能無以社稷為憂，外則不能無懼於夷狄。天下之財力日困窮，而風俗日以衰壞。四方有志之士，諰諰然常恐天下之久不安，此其故何也？患在不知法故也。……然臣以謂今之失患在不法先王之政，以謂當法其意而已。……

疏解：今世言政者，必曰法治國。夫國，固未有舍法而能爲治者也。而中國儒者諱言之，惟以守祖宗成法自文，彼其祖宗成法者何？襲前代之舊而已，前代又襲前代之舊而已。數千年來，一邱之貉，因陋就簡，每況愈下，其以政治家聞於後者，不過就現有之法，綜覈名實而已。更上焉者，補苴罅漏而已。……雖然論者，則以公之誦法先王也。則或疑之，爲保守家、理想家而不達於今世之務者，顧公不云乎。法先王者，法其意而已，以今之術語解之，則公之所謂先王，非具體的之先王，而抽象的之先王也。更質言之，則所謂先王之意者，政治上之大原理原則而已。夫公之變法，誠非欲以傾駭天下之耳目，囂天下之口者，而竟駭焉囂焉，則非公之罪矣。

原文：……然而臣顧以謂陛下，雖欲改易更革天下之事，合於先王之意，其勢必不能者何也。以方今天下之人才不足故也。臣嘗試竊觀天下在位之人，未有乏于此時者也。夫人才乏于上，則有沈廢伏匿在下，而不爲當時所知者矣。……然則方今之急，在於人才而已。誠能使天下之才眾多，然後在位之才，可以擇其人而取足焉，在位者得其才矣。然後稍視時勢之可否，而因人情之患苦，變更天下之弊法，以趨先王之意甚易也。

疏解：法治固急矣，然行法者人也，制法者亦人也。故公既以法度爲本原，夫法治國固以大多數之人民爲元氣者也。此公之意也。

原文：今之天下，亦先王之天下，先王之時，人才嘗眾矣，何至于今而獨不足乎。故曰：陶冶而成之者非其道故也。……人之才，未嘗不自人主陶冶而成之者也。

疏解：公之此論，獨以陶冶之責，歸諸人主何也？非徒以其所與語者爲人主而已。私人陶冶之範圍狹，而人主則廣。私人陶冶之效力緩，而人主則疾，故不居高明之位而勉其責云者，不得已而思其次耳，慰情聊勝於無耳。若夫欲發揚一國之人才，而挾之以趨，道固莫有捷於開明專制者。……

原文：所謂陶冶而成之者何也？亦教之養之取之任之有其道而已。所謂教之之道何也？古者天子諸侯，自國至於鄉黨，皆有學，博置教導之官而嚴其選，朝廷禮樂政刑之事，皆在其學。……所謂養之之道何也？饒之以財，約之以禮，裁之以法也。……所謂取之之道何也？先王之取人也，必於鄉黨，必於庠序，使眾人推其所謂賢能書之，以告於上而察之，誠賢能也。……所謂任之之道何也？人之才德，高下厚薄不同，所任有宜有不宜。……夫教之養之取之任之之道如此。而當時人君，又能與其大臣悉其耳目心力，至誠惻怛思念而行之。此其人臣之所無疑，而於天下國家之事，無所欲為而不得也。

疏解：……夫國家之對於人民，有命令之服從之關係者也，其統治權至尊無上而不可抗拒者也。非惟專治國有然，即立憲國亦有然，夫苟不可行者則勿著為令已耳。既著令而可以不行，則是瀆國家之神聖也。此元祐諸君子，以阻撓新法貶謫遷徙，而積怨發憤於荊公，曾亦思管子之治齊也。曰：虧令者死，益令者死，不行令者死，留令者死，不從令者死。荊公之所以失敗，正坐姑息，不能踐此書言而已。

按：梁任公此論「正坐姑息」，荊公失敗之故也，或有偏頗。如司馬光之涑水記聞所載兩節云：『介甫請并京師行陝西所鑄折二錢，既而宗室及諸軍不樂，有怨言。上聞之，以問介甫欲罷之。介甫怒曰：朝廷每舉一事，定為浮言所移，如此何事可為。……』又：『熙寧六年十一月，吏有不附新法，介甫欲深罪之。上不可，介甫固爭之曰：不然法不行。……』（卷十六。此節於前文第三已詳述之。）

原文：方今州縣雖有學，取牆壁具而已，非有教學之官長育人才之事也。惟太學有教導之官，而亦未嘗嚴其選。朝廷禮樂刑政之事，未嘗在於學。學者亦漠然，自以禮樂刑政爲有司之事，而非己所當知也。學者之所教，講說章句而已。講說章句，固非古者教人之道也。……今士之所宜學者，天下國家之用也。今悉使置之不教，而教之以課試之文章，使其耗精疲神窮日之力，以從事此。及其任之官也，則又悉使置之，而責之以天下國家之事。……

疏解：後之論者，或以八股取士，濫觴荆公，而因以爲罪。噫！抑何其誣公之甚耶。夫公以爲養士必於學校，其言明白如此，其初政猶不廢制舉者，則學校未普及時，勢不得不然也。此於下方更論之。

原文：又有甚害者，先王之時，士之所學者，文武之道也。士之才可以爲公卿大夫，又可以爲士，其才之大小宜不宜則有矣。至於武事，則隨其才之大小，未有不學者也。故其大者，居則爲六官之卿，出則爲六軍之將。其次則比閭族黨之師，亦皆卒兩師旅之帥也。故邊疆宿衛皆得士大夫爲之，小人不得奸其任。……

疏解：此公所持國民皆兵之主義。今世東西諸國，罔不由此道以致強。而我自秦漢迄今二千年，前夫公者後夫公者，無一人能見及者也。而其導國民以尚武也，必在於學校。……中國之賤兵久矣。而自宋以還，其賤彌甚，在募兵制度之下，而欲兵不賤，是適燕而南其轅也。……（原文甚長，難以盡摘。惟本章後，梁任公復辨正邵伯溫之聞見錄，誣詆荊公妄兩則：一、荊公於仁宗前誤食魚餌。二、辨姦論之贋撰。贋撰之事，本文第六已述。另爲朱熹之五朝名臣言行錄外集妄語一則。於後第十二中補述之。）

第八章　荊公與神宗：評傳所評荊公與神宗君臣之間，非爲一般國家政務之事，亦非如荊公本傳所言，堯、舜及劉備、唐太宗等瑣細之事。乃爲辨正施行熙豐新法神宗之毅力及決心，以及荊公之忠誠。乃至神宗治理新法之缺失，而使荊公之弘治未張而含垢矣。茲略摘錄之。

宋史神宗紀贊曰：「帝天性孝友，其入事兩宮，必侍立終日，雖寒暑不變。嘗與岐嘉二王讀書東宮，侍講王陶講經史，輒相率拜之，由是中外翕然稱賢。其即位也，小心謙抑，敬畏輔相，求直言，察民隱，恤孤獨，養耆老，振匱乏，不治宮室，不事游幸」。夫宋史本成於嫉惡荊公者之手。其與神宗，往往有微詞。然即如其所稱述，則其君德已，爲秦漢以下所不一二睹矣。顧神宗之所以爲神宗者，猶不止此。彼其痛心於數世之國恥，夙夜淬厲，而思所以振之。……由此觀之，帝之隱痛與其遠志，不已昭然與天下後世共見耶！……若神宗者，誠荊公所謂有至誠惻怛憂天下之心，而非因循苟且趨過目前，以終身之狼疾爲憂，而不以一日之瞑眩爲苦。凡公之所以期於仁宗而不得者，至是而乃得之。……荊公既恥其君不爲堯舜，而神宗亦毅然以學堯舜自任。則荊公之事業，皆神宗之事業。（荊公並上劄子三件，略之）讀此二書，則公之所以啓沃其君者可以見矣。其所謂不淫耳目然後能精於用志，能精於用志然後能明於見理，能明於見理然後能知人。豈惟君德，凡治學治事者皆當服膺矣。其所謂改更設施本末先後大小詳略之方，宜博論詳說，則又事業之本原。而神宗後此能信之篤，而不惑於鑠金之口者，蓋有由也。

嗚呼！吾讀此而知熙豐間用人有失當者，其責固不在荊公矣。神宗求治太急。而君子之能將順其美者太寡，故於用人若有不暇擇焉，此神宗之纇累，亦荊公之纇累也。

第九、十、十一、十二等四章　荊公之政術：此四章除第九章爲總論，暢論荊公變法之是，並舉證吾國歷代政治家如管仲、子產、商君、諸葛武侯等，因維新變法，而爲一代中興。並復舉泰西如德意志之俾斯麥等爲例。餘三章則言新法施行經過，並以荊公實施新法之各項書類不厭其煩而詮釋之，以辨正新法之是也。梁任公開宗昱義云：

> 世之議荊公者，徒以其變法，故論公之功罪，亦於其所變之法而已。吾固崇拜公者，雖然史家之職，不容阿好所好。今請熟考當時之情實，參以古今中外之學說，平心以論之。
>
> 元祐以降，指凡公所變之法，皆曰惡法。其爲意氣偏激，固無待言。然則公所變之法，果皆良法乎？此又吾未能遽從同也。吾嘗謂天下有絕對的惡政治，而無天下的良政治：苟其施政之本意，而在於謀國利民福，殆可謂之良也。

第十章　荊公之政術：民政及財政。自本章起則分段詮釋熙寧新法，除闡釋新法各項設施經過及實行情況等。（新法於各史書均有詳盡記載，特以簡略。茲將梁任公考證重要部份略摘錄於后。）

公之事業，誠強半在理財。然其理財也，其目的非徒在增國帑之歲入而已。實欲蘇國民之困而增其富，乃就其富取其贏焉。以爲國家政費，故發達國民經濟實其第一目的。而整理財政，乃其第二目的也。而其所立諸法：則於此兩者皆有關係者也。故不名之曰財政，而名之曰民政與財政。

一、制置三司條例司　制置三司條例司者，公所創立之財政機關也。公之言曰：『周置泉府之官，以榷制兼并，均濟貧乏，通天下之財。後世惟桑弘羊、劉晏粗合此意，學者不能推明先王法意，更以爲人主不當與民爭利。今欲理財，財當修泉府之法』。（附錄蘇轍奏云：『文獻通考二十四引元祐元年蘇轍奏言，熙寧初，於三司取天下所上帳籍視之。至有到省二三十年不發其封者，蓋州郡所發文帳，隨帳皆有賄賂。各有常數，常數已足者，皆不發封。一有不足，即百端問難，要足而後已』。）（泉府一節於本文第四：荊公撰著與字說一篇中，請參閱。）

二、青苗法　青苗法者，頗有類於官辦之勸業銀行。荊公惠民之政也。荊公於熙寧五年其上五事劄子云：昔之貧者，舉息之於豪民。今之貧者，舉息之於官。官薄其息而民救其乏，是其行之數年而有成效也。（附蘇轍言：『天下之人，無田以爲農，無財以爲商，禁而勿貸，不免轉死於溝壑。使富民爲貸，則用不仁之法，收太半之息。不然，亦不免脫衣避屋以爲質。民受其困，而上不享其利。周官之法，使民之貸者，與其有司辨其貴賤，而以國服爲之息。今可使郡縣盡貸，而任之以其土著之民。』按穎濱此論，下與荊公之青苗法吻合也。）

三：均輸法　均輸法者，所以通天下之貨，制爲輕重斂散之術。使輸者既便而有無得以懋遷，亦一種惠民之政也。（觀近世之漕運，則可以知均輸之妙用。如能用商運供京師之米，而盡折南漕，則國庫與人民交受其利者，歲不以千萬計乎。均輸之意，亦猶是也。……按：國父主張貨暢其流，亦此之謂也。）

四：市易法　市易法者，本漢平準，將以制物之低昂，而均通之，實一種專賣法也。（附　宋史食貨志：熙寧五年，遂詔出內帑錢帛，置市易務于京師。先是有魏繼宗上言：京師百貨無常價，富人大姓，乘民之亟，牟利數倍。財既偏聚，國用亦屈。請假榷貨務錢置常平市易司，擇通財之官任其責，求良賈爲之轉易。使審知市物之價，賤則增價售之，貴則損價鬻之，因收餘息以給公上。……）

五：募役法　募役法者，變當時最病民之差役制，以爲募役制。而令民出代役之稅以充募資方。實近一種之人身稅，而其辦法極類今文明國之所得稅。（附蘇轍等言。蘇轍云：役人之不可不用鄉戶，猶官吏之不可不用士人。　蘇軾云：自古役人之必用鄉戶，猶食之必用五穀，衣之必用絲麻，濟川之必用舟楫，行地之必用牛馬。雖其間或有以他物充代，然終非天下所可常行。神宗常與近臣論免役之利，文彥博言：祖宗法制具在，不須更張以失民心。上曰：更張法制，於士大夫誠多不悅，然與百姓何所不便。彥博曰：爲與士大夫治天下，非與百姓治天下也。）

六：其他關於民政財政諸法 共三項：農田水利，方田均稅，漕運等詮釋略之。

第十一章 荊公之政術：軍政。

一：省兵（本文第十：熙寧新法與梁啓超先生一篇中，請參閱。）

二：置將 荊公之省兵，非退嬰政策，而進取政策也。宋之兵雖多而不可用者，其原因不一，則將與兵不相知兵與將不相習也。……及荊公執政，始部分諸路將兵，總隸禁旅。使兵知其將，將練其士。平居知有訓厲，而無番戍之勞，有事而後遣焉，此實宋兵制一大改革也。梁任公評曰：『自元祐推翻新政，將兵之制，雖未盡廢。然兼令州縣官得統轄兵隊。與將官分權，軍令不出於一，而兵之偷惰乃日甚。馴至女眞長驅，莫之能禦，而宋遂以此南渡矣。悲夫！』

三：保甲法 省兵也，置將也，皆荊公一時權宜之政策，聊救時弊而已。若其根本政策，尚不是在於荊公者，蓋持國民皆兵之主義者也。欲達此目的，則必廢募兵以爲徵兵，於是乎保甲法興矣。保甲之性質有二：其一則地方自治體之警察。其一則爲後備兵及國民兵也。荊公公辦保甲之意，本欲以改革兵制，而其下手則先自警察始也。元豐八年哲宗嗣位，知陳州司馬光即首上疏乞罷保甲云：「……自唐開元以來，民兵法壞，戍守戰攻，盡募長征兵士，民間何嘗習兵。國家承平，百有餘年。戴白之老，不識兵革。一旦畎畝之人，皆戎服持兵，奔驅滿野，耆舊歎息，以爲不祥。……若使之捕盜賊衛鄉里，則何必如此之多。使之戍邊境事征伐，則彼遠方之民，以騎射爲業力以攻戰爲俗，自幼及長，更無他務。中國之民，大半服田力穡。雖復授以兵械，教以擊刺，在教場之中，坐作進退，有似嚴整。必若使之與敵人相遇，塡然鼓之，鳴鏑始交，其奔北潰敗，可以前料，決無疑也。……」梁任公評曰：嗚呼！溫公之所以難保甲法者，其所持之理由，不過如此而已。吾今試得取而辯之，其謂民不知兵已百餘年，故民兵勢不可復。夫人之所以貴爲萬物者，以其學焉而能也。……保甲之法既廢，將兵之制復壞，宋欲不南，更可得耶！然則禍宋者，果荊公乎哉？抑溫公乎哉？

四：保馬法　保馬法者，官給民以馬，使代養之，且獎厲民自養之。俟有緩急時，則償其値而收其用也。

五：軍器監 器械不精，以卒以敵，軍器之重，自昔然矣。熙寧五年，崇政殿說書王雱上疏云：臣嘗觀諸州作院兵匠乏少，至拘市人以備役，所作之器，但刑質而已。武庫之吏，計其多寡之數而藏之，未嘗責其實用。故所積雖多，大抵敝惡。夫爲政如此，而欲抗威決勝，外攘內修，未見其可也。倘欲弛武備示天下無以爲事，則金木絲枲筋膠角羽之材，皆民力也。無故聚工以毀之，甚可惜也。莫若更制法度，斂數州之作，聚爲一處。若今錢監之比，擇知工事之臣，使專其職。且募天下良工，散爲匠師。而朝廷內置工官以總制其事，察其精窳而賞罰之。則人人務勝，不加責而皆精矣。上然其言，明年，置軍器監，總內外軍器之政。

第十二章　荊公之政術：教育及選舉。

一：教育 教育行政，荊公平昔所最重也。其上仁宗書，言之最切，及執政首注意於學校。……熙寧八年，以荊公所編三經新義頒於學官焉。三經者，周官及詩書也。按三經新義，亦爲當時及後世攻擊荊公之一大口實。……考荊公當時，亦並非於新義之外，悉禁異說，不過大學以此爲教耳。……

梁任公除再三詮釋荊公對教育之注重，並對司馬光評曰：當荊公之初置法科，司馬光奏言：『律令敕式，皆當官者所必須，何必置爲一科，使爲士者豫習之。夫禮之所去，刑之所取，爲士者果能知道義，自與法律冥合。若其不知，則習法徒成刻薄。爲政豈有循良，非以所長育人材敦厚風俗也』。嗚呼！溫公此論，在今日法治論大昌之時，稍有識者當知其非，無俟深辯。果如其言，則今世諸文明國，非曾治法學者不得任官，宜其無一循吏矣。吾壹不解溫公之於荊公一舉一措，無論大小，而必反抗之不遺餘力，其用心何在也。吾又不解後世讀史者，當時一舉一措，而必袒溫公以抑荊公，其用心果又何在也。

（至於元祐黨人詆詖荊公有關三經新義之事實，詳錄於前文第十，請參閱之。）

二：選舉 科舉取士，非荊公意也。其上仁宗書論其弊矣，乃及其執政，而猶不改之者何也，則公自言之矣。其請改科條制劄子云：『今欲追復古制以改其弊，則患於無漸。宜先除去對偶聲病之文，使學者得專意經義。以俟朝廷興建學校，講求三代所以教育選舉之法，施於天下。』……

熙寧二年，議更貢舉法，罷詩賦明經諸科，以經義論策試進士。直史館蘇軾上議：『得人之道，在於知人。知人之法，在於責實。使君相有知人之明，朝廷有責實之政，則胥吏皂隸未嘗無人，而況於學校貢學乎？雖用今之法，臣以爲有餘。使君相無知人之明，朝廷無責實之政，則公卿侍從，常患無人，況學校貢舉乎？雖復古之制，臣以爲不足矣。夫時有可否，物有興廢，使三代聖人復生於今，其選舉亦必有道，何必由學乎。……自文章言之，則策論爲有用，詩賦爲無益，自政事言之，則詩賦論策，均爲無用矣。雖知其無用，然自祖宗以來，莫之廢者，以爲設法取士，不過如此也。矧自唐至今，以詩賦爲名臣者，不可勝數，何負於天下，而欲廢之。』

梁任公另考異清代王士禎之池北偶談中詆誣荊公「宮觀祠」一節。與事不符（非關選舉，略之）。並評之曰：「而漁洋（王氏別號）之徒，於祠祿所由來，載於諸書者，若全未入目，亦何足與語史事哉！」　按：宋祠祿一條於池北偶談卷三，與本節選舉之論，完全不符。

第十三章　荊公之武功：詆誣荊公者，最甚有二事，其一則聚歛，其一則黷武也。荊公理財絕非聚歛，荊公用兵絕非黷武。故梁任公曰：此又不可不辯也。

宋人之以忍恥包羞爲德久矣。自澶淵議和以後，舉國以得免兵革爲幸。自是而增歲幣，求割地，若小侯之事大國，匪敢不從。若乃蕞爾西夏，自繼遷德明以來，叛服不常。……若前此宋之君臣，則不謀所以待敵，而惟僥倖於其不來者也。重以西南土蠻，屢思蠢動，爲心服之患。而安南邊場，又數不靖。大攝於兩大敵之間，已一日不能即安。況小醜之竊竊議其後者乎。荊公之政策，先肅清小醜，且藉此以增長軍事上之經驗，方然後從事於大敵，而其策二敵也。謂彼若合以謀我，則吾所以應之者且殆。則先圖其較易圖者，然後及其難圖者。復河湟以制西夏，制西夏以弱契丹，此荊公畢生之抱負也。而當時即著手實行者也。

一：河湟之役。

二：西南夷之役。湖南路，四川路。

三：交趾之役。

第十四章　罷政後之荊公：荊公實行新政之時，頗得神宗倚重。荊公自熙寧九年十月辭去相位後，神宗仍施行新法不輟，直至元豐八年三月神宗晏駕後，宣仁高后攝政，啓用司馬光始立即罷革新法。自熙寧九年至元豐八年有十年之久，荊公離職原因迷團頗爲不解。梁任公於本章中亦未詳述原委，僅就荊公辭職劄子而加闡釋，僅證明宋史本傳之誣。茲摘錄於后：

宋史本傳云：鄭俠上疏，繪所見流民，扶老攜幼困苦之狀，爲圖以獻。曰：旱由安石所致，去安石，天必雨。慈聖宣仁二太后流涕謂帝曰：安石亂天下。帝亦疑之，遂罷爲觀文殿大學士知江寧府。　今案以此諸劄子證之，則與宋史所記，何其適相反耶？乞解機務之疏凡六上，僅見聽許，猶欲強留之京師，帝果疑安石，乃如是耶！且繼相之人，爲韓絳、呂惠卿皆爲安石所薦。帝如因俠及太后之言，乃罷安石，則何爲更用所薦之人耶！是知宋史無一不妄也。

宋史本傳云：安石與呂惠卿相傾，上頗厭安石所爲。及子雱死，尤悲傷不堪。力請解機務，上益厭之，罷判江寧府終神宗之世不復召。　國史氏曰：嘻！甚矣。宋史之敢於誣安石而並誣神宗也。

元祐元年四月公薨於江寧，司馬光致呂公著書云：『介甫文章節義，過人處甚多。但性不曉事而喜遂非，致忠直疏遠，讒佞輻輳，敗壞百度，以至以此。今方矯其失，革其弊，不幸介甫謝世，反覆之徒，必詆毀百端。光意以爲朝廷宜特加優禮，以振起浮薄之風。苟有所得，輒以上聞。不識誨叔以爲如何？更不煩答以筆扎，扆前力言，則全仗誨叔也。」

蘇軾奉旨敕贈荊公太傅：其文曰：「朕式觀古物，灼見天意。將以非常之大事，必生希世之異人。使其名高一時，學異千載。智足以達其道，辯足以行其言。瑰瑋之文，足以藻飾萬物；卓絕之行，足以風動四方。能用期歲之車，靡然變天下之俗。……朕方臨御之初，哀疚罔亟。乃眷三朝之老，邈在大江之南。究觀規模，想見風采。豈謂告終之間，在予諒闇之中。胡不百年，爲之一涕。於戲！死生用舍之際，孰能違天。贈賻哀榮之文，豈不在我，是用寵以師臣之位，蔚爲儒者之光。庶幾有知，服我休命，可特贈太傅。」

據梁任公評曰：「此敕文見東坡集，蓋東坡草也。此實蘇子由衷之語，亦爲王公沒世之光，飾終尚有此文，公論庶幾未泯。當時熙寧之政，更張殆盡。溫公東坡，又皆平昔相排最力之人。然溫公稱其節義過人，力請優卹。東坡撰敕，於其政績，雖不置可否，而誦其盛德，讚不容口。雖公平昔操行，有以見信於友朋，而溫公東坡之賢，亦不可及乎。」按：

梁任公所評而論之，恐非全是。司馬光言：『今方矯其失，革其弊，不幸介甫謝世，反覆之徒，必詆毀百端』等語。由此證之，司馬光於荊公謝世後，依然詆詖新政，攻訐荊公。至於「優禮」，則爲安撫「反覆之徒」，並塞世人之口而已，絕非其肺腑之言也。苟若其良知未泯，亦不過「人至將死，其言也善而已」，司馬光同年九月隨之謝世。梁任公於第十二章中教育一節最後評曰：『吾壹不解溫公之於荊公一舉一措，無論大小，而其反抗之不遺餘力，其用心果何在也』等語，尚不記耶！至於評論蘇軾部分，『東坡撰敕，於其政績，雖不置可否』等語。足證蘇軾依然對荊公敵意未消。元祐元年哲宗繼位，黃牙稚子，所識幾何？宣仁太后攝政，罷革新法不遺餘力。追贈荊公太傅，僅爲籠絡民心而已。蘇軾奉詔書敕，受寵若驚，奉承猶恐不及，況新召回京，安敢公然抗拒之。若如梁任公評言「此實蘇子由衷之語」，果由衷之語，對新法何隻字不提之。孰不記評傳第一章引蔡上翔氏所撰荊公年譜考略云：『蘇子瞻作溫公行狀，至九千四百餘言，而詆安石者居其半。無論古無此體，即子瞻安得有如是之文。』蘇軾對於新政隻字不提，何「由衷之語」耳？此乃奉宣仁太后懿旨，不敢不爲之耶！

第十五章　新政之成績：荊公之新政爲成乎，爲敗乎。其不能具謂之成，無待言也。何也！

以其效果往往不如所豫期也。雖然，具謂之敗焉不得也。何也？彼行之誠不免有流弊，然爲救時之計，利率適於病也。　梁任公除作上述評論外，并附蘇軾與滕達道書一件。書云：『某欲見面一言者，蓋謂吾儕新法者初輒守偏見，至有同異之論。雖此心耿耿，終於憂國而所言差謬，少有中理者。今日聖德日新，衆化大成。回視向之所執，益覺疏矣。若變易守以爲進取，固所不敢。若嘵嘵不已，則憂患愈深。公此行尙深示知非靜退意，但以老晚衰病舊臣之心，欲一望清光而已。如此恐必獲一對，公之至意，無乃出於此乎。』（梁任公註：此書不知在何年，大約元豐年間也）。　梁任公復評曰：夫子瞻固疇昔詆新法最力者也。其上神宗書則詆新法者，視爲聖經賢傳，謂懸諸日月而不刊者也。而其晚年定論則若此，深感歎於聖德日新衆化大成。然則熙寧元豐之治，必有度越前古，予人心悅誠服者矣。新法果負於天下，而元祐諸賢之擾擾，果何爲也哉。

按·滕達道者，初名甫，字元發。因避高魯王諱而改達道。其反對朋黨之爭。宋史本傳云：『神宗即位，名問治亂之道。對曰：治亂之道，如黑白東西，所以變色易位者，朋黨汨之也。神宗曰：卿知君子小人之黨乎？曰：君子無黨。辟之，草木綢繆相附者，必蔓草非松柏也。朝廷無朋黨，中主可以濟。不然雖上聖亦殆。』（宋史卷三百三十二、列傳九十一。）

第十六、十七章　新法之阻撓及破壞：本編分上下兩篇。上篇第十六章爲述新法施行時，朋黨之禍，業已萌芽。抵制新法，蔚然成風。抵制目的，既非私利，亦非祿位，純爲意氣之爭，沿至百餘年，以至北宋淪亡矣。下篇爲評論神宗晏駕，宣仁皇太后垂簾，司馬光爲相罷革新法經過。

第十六章　梁任公論曰：宋明兩朝，而歎私黨之貽毒於國家，如此烈也。彼私黨者，其品流不必爲小人也，而君子亦多有焉。其目的不必以求祿位也，而以辭祿位爲目的者亦有焉。其所爭者，不必爲政治問題也。然無從何種問題發端，而其葛藤恆牽及政治，其黨徒不必爲有意識的結合也。然隨遇一事，興風作浪。有一犬吠影者，倡之於前，即有百吠聲者，和之於後。一言以蔽之，曰意氣用事而已。意氣勝於國家之利害可以置諸不問，此風起於荊公得政以前，成於荊公得政之時，而烈於荊公罷政以後。宋以是亡，而流毒至易代而未已。察其性質，則當時新法所以被阻撓破壞之故，從可識。

評傳第十四章有言：『於荊公並時諸賢，除呂誨一人外，從未有詆及荊公私德者，所爭者在新法而已。』本傳於此篇錄有呂誨劾疏荊公全文，所言事由共十大件，均爲瑣細之事，歸結言之，「慢上無禮，倨傲不恭」而已。餘則無他也。足證荊公品德清高無瑕可擊也。

茲將當時與新法抵制而去官者，臚列於后：

熙寧二年五月，翰林學士權開封府鄭獬，以斷謀殺案不依新法，出知杭州。宣徽北院使王拱辰、知制誥錢公輔皆議新法不合，王拱辰出判應天府。錢公輔出知江寧府。六月御史中丞呂誨劾安石，帝還其章，求去，出知鄧州。八月知諫院范純仁言新法變更祖宗法度，帝不聽，求去，出知河中府，徙成都，復抗行新法，左遷和州。侍御史劉述、劉琦、錢顗連章劾荊公，劉述知江州。劉琦監處州鹽酒務。顗監衢州鹽務。條例司檢詳文字蘇轍論新法不合，出河南推官。十月同平章事富弼稱疾求退，出判亳州。

熙寧三年正月，判尙書省張安平極言新法之書力求去，出判應天府。二月河北安撫使韓琦以青苗法不合，解安撫使領大名府。同月以司馬光爲樞密副使，固辭不拜。三月知審官院孫覺以論青苗法不便，出知廣德軍。四月御史中丞呂公著以論青苗法，出使潁州。同月參知政事趙抃求去，出知杭州。同月監察御史林旦、薛昌朝、范育三人劾安石，未予罷斥。同月監察御史、程顥、張戩、御史王子韶、右正言李常交章言新法不便，四人各乞退，出程顥爲京西路提刑，李常通判滑州，張戩知公安縣，王子韶知上元縣。七月樞密史呂公弼劾安石，出知太原府。九月翰林學士司馬光屢求去，留之不可，出知永興軍。十月翰林學士范鎭劾安石，以戶部侍郎致仕。

熙寧四年三月，詔察新法奉行不職者，先是知山陰縣陳舜俞，不散青苗錢。知長葛縣樂京、知湖陽縣劉蒙，不奉募役法，皆奪官。四月監官告院蘇軾上疏極論新法不便，乞外任，出爲杭州通判。五月知開封府韓維，以論保申法不合，力請外郡，固留不可出知襄州。七月御史中丞楊繪監察御史劉摯上疏論免役法之害，楊繪出知鄭州，劉摯監衡州鹽倉。

熙寧五年三月，知汝州富弼上書，言新法不便不可治郡，願歸洛養疾，許之，授司空武寧節度使致仕。

熙寧六年四月，樞密使文彥博求去，授司空河東節度使判河陽。

熙寧七年二月，監安上門鄭俠進流民圖，言大旱爲新法所致，未幾以擅發馬遞罪付御史鞫治，八年正月竄之於英州。

第十七章　元豐八年三月神宗駕崩，哲宗繼統後，宣仁太后垂簾聽政。於五月以司馬光爲門下侍郎，遂盡廢新法，並竄逐熙豐舊臣，前外放諸臣均予召回。

元豐八年七月罷保甲法。十一月罷方田法。十二月罷市易法。

元祐元年閏二月蔡確出知陳州。章惇出知汝州。六月竄鄧綰李定於滁州，呂惠卿於建州。

同年閏二月罷青苗法。三月罷免役法。四月罷熙河經制財用司。

元祐二年正月禁用荊公經義、字說。

四年五月復竄蔡確至新州。

同年四月罷明科法。

梁任公評論曰：……則當時熙豐所行之事，無一不罷。熙豐所用之人，無一不黜而已。並引「范純仁謂司馬光之言：去其泰甚者可也。差役一事，尤當熟講而緩行。不然，滋爲民病。願公虛心以延衆論，不必謀自己出，謀自己出，則諂諛得乘間迎矣。役議或難回，則可先行諸一路，觀其究竟。光不從，持之益堅。純仁曰：是使人不得言爾。若欲媚公以爲容悅，何如少年合安石以速富貴」。梁任公又評曰：昔光嘗奏對神宗，謂安石賢而愎。夫光之賢吾未知視安石何如。若其愎則何相肖而又加厲也。再引明代陳汝錡（嘉靖貢生）所撰司馬光論云：『靖康之禍，論者謂始于介甫，吾以爲始于君實（司馬光字）。非君實能禍靖康，而激靖康之禍者君實也。夫新法非漫然而姑嘗試之者……。』又明代章袞（嘉靖進士）所撰王臨川文集序云：『元豐之末，公既罷相，神宗相繼殂落。群議既息，事態亦安。元祐若能守而不變，循習日久，膏澤自潤，孰謂非繼述之善也。乃毅然追懟，必欲盡罷熙豐之法。公以瞑眩之藥攻治之於先，司馬公又以瞑眩之藥潰亂之於後。遂使國論屢搖，民心再擾，夷想當時言新法不可罷者，當不止於范純仁、李清臣數子，特史氏排公不已，不欲備存以說耳。……』至於王夫之宋論，哲宗一章之言（本文第九：結語中已錄及述之，請參閱。）梁任公評曰：『若王氏之詆荊公，蓋無與異俗儒。而其論元祐之政。若此，彼堯舜宣仁而皋夔馬呂者，其可一省矣。且元祐諸人之可議者，猶不止此。』宋人王明清玉照新志云：『元祐黨人，天下後世莫不推尊之。紹聖所定止三十二人，至元長（蔡京字）當國凡背己者皆著焉，殆至二百九人。然而禍根實基於元祐嫉惡太深也。』（梁任公註：原書未見，據蔡荊公年譜考略引）。

按：此節於本文第八：元祐黨禍一節已詳述之，玉照新志原文已錄，評傳所言「二百九人」，據馬純之陶朱新錄所記爲三百九人，並附有名冊，請參閱。（玉照新志依四庫全書文淵閣版錄之。）

第十八章　荊公之用人及交友：本章所評論之，共分爲兩部分。一．荊公所提拔執行新法，復又背叛新法者，如蘇轍等。二．爲新法執行者，如呂惠卿等。於文中詳述其經過。其他史書亦有記載，特略之。

第十九章　荊公之家庭：荊公家庭依評傳述及元配吳夫人，子二女二。長曰・雱。次曰・旁。長女適吳充子吳安持，蓬萊縣君。次女適蔡卞。均擅文字。次子旁無傳，其生略不詳。梁任公於此章爲考證邵伯溫所撰聞見錄之妄也。聞見錄云：『一日盛暑，荊公與伯淳對語，雱者囚首跣足手攜婦人冠以出，問荊公曰：所言何事。荊公曰：以新法數爲人沮，與程君議。雱箕踞以坐，大言曰：梟韓琦、富弼之頭于市，則新法行矣』。（此節於本文第一：概說詳述之。請參閱）依評傳第十六章所云，韓琦於熙寧三年二月以論青苗法不合，而出領大名府。程顥於同年四月出爲京西路提刑。富弼於熙寧五年三月出歸洛陽療疾。韓琦黜出在先，程顥僅於其後兩月之時，即黜出之，富弼卻於兩年後自請歸洛，時間情節均有瑕疵，聞見錄所撰之妄，不言而喻矣。惟宋史王雱本傳抄襲不誤，實貽害萬年哉。然宋史荊公及程顥二位本傳中未有記載此節。

第二十章　荊公之學術。第二十一、二十二章　荊公之文學。均摘錄於臨川全集中之精華薈粹，篇幅過長不錄。

十二、後記：

荊公辭相　荊公辭相之原委，實有撲朔迷離之感。宋史荊公本傳以及蔡氏之荊公年譜考略，僅記荊公辭相時間，辭相原因均未有明確記載。遍尋稗史雜記，亦無絲蹟可循之。宋史卷十四神宗本紀，熙寧七年十年荊公致相，亦僅一筆帶過而已。宋史慈聖曹后、宣仁高后列傳所記係依據邵伯溫之聞見錄妄語而抄錄之。茲錄於后。

聞見錄：神宗既退司馬溫公，一時正人皆引去。王荊公盡變更祖宗法度，用兵言利天下，始紛然矣。帝一日侍太后同祁王至太皇太后宮時。……太皇太后曰：吾昔聞民間疾苦，必以告仁宗，嘗因赦行之，今亦當爾。帝曰：今無他事。太皇太后曰：吾聞民間甚苦，青苗助役錢宜因赦之。帝不懌曰：以利民非苦之也。太皇太后曰：王安石誠有才學，然怨之者甚眾，帝欲愛惜保全不若暫出之於外，歲餘復名用之。帝曰：群臣中惟安石能橫身爲國家當事耳。……慈聖光獻后、宣仁聖烈后因間見上流涕爲言，安石變亂天下，已而安石罷相。……帝退安石十年不用。……（卷三）

慈聖光獻曹后傳：……后曰：吾昔聞民間疾苦，必以告仁宗因赦行之，今亦當爾。帝曰：今無他事。后曰吾聞民間甚苦，青苗助役宜罷之。安石誠有才學，然怨之者甚衆，帝欲愛惜保全之，不若暫出之於外。……（宋史卷二百二十四后妃傳）

宋史新編卷五十九后妃傳：慈聖光獻曹后傳，一字不變，照抄不誤。卷一百六：王安石傳、王雱傳等亦復如是，編者柯維騏僅借宋史依樣葫蘆而已。即無珍貴資料加入，又無獨特主見，可言標準文丑耳！

宋史卷三百二十一鄭俠傳云：熙寧六年七月至七年三月不雨，東北流民，扶老塞道之苦。神宗閱後，翌日故方田保甲並罷之。此節與事實不符，神宗晏駕後，高后垂簾，司馬光繼相。於元豐八年七月罷保甲法，同年十一月罷方田法。其中相繼有十一年之久。故梁任公考證鄭俠上疏一節，純係訛傳，不足爲信也。（評傳第十四章）梁任公雖依荊公劄子書疏等敘述辭相事由，終未有將荊公辭相原委，清晳說明。荊公苟有特殊事由而辭相，則聞見錄、涑水記聞、東軒筆錄及元祐黨人之筆記，應大書而特書也。

熙寧八年鄭俠上流民圖而竄英州，據年譜考略云：此綱目大繆也。乃周煇清波雜志謂鄭俠上流民圖疏不即達，乃作邊檄夜傳入禁。時永洛失律，上方西顧，不敢沮遏。因得入覽，此大謬也。永洛之陷，於元豐五年九月，距此尚隔七年，而支離若此可笑。又宋史本傳云：群姦切齒，遂以俠付御史臺治其擅發馬遞罪。考當時止下開封府取勘，未付御史臺，其誤又若此。續通鑑長編云：始俠上書獻流民圖，朝廷開封劾其擅發馬遞入奏之罪。而俠又上書言天旱由王安石所致，若罷安石天必雨云云。此語本司馬光涑水記聞所云，而不知又大誤也。俠上疏圖時，即有十日不雨，乞斬臣以上正欺罔之罪語。尋已大雨，不必復言，罷安石天必雨矣。記聞及長編，其混沌若此，俠之竄也，由呂惠卿、鄧綰二人所譖，荊公已先出知江寧府矣。（卷十九）茲特將清波雜志及涑水記聞記於下：

涑水記聞：鄭俠，閩人，進士及第。熙寧七年春，上以旱災，下詔聽吏民直言得失。俠以選人監安上門上言：新制使選人監京城門，民所齎物無細大皆征之。使貧愁怨，人主居深宮或不知之。圖畫并進之，朝廷以爲狂，笑而不問會。王介甫請罷相，上未之許。俠上言：天旱安石所致。若罷安石天必雨，既而安石出知江寧府，是日雨。……（卷十六）

清波雜志：監安上門光州司理參軍鄭俠上疏言：去年大蝗，秋冬亢旱。今春不雨，麥苗乾枯。黍粟麻豆皆不及種，五穀踴貴。民情憂惶，十九懼死。逃移南北，困苦道途。……臣謹以安上門日所見，繪爲一圖，百不及已。……自今以往至于十月不雨，乞斬臣於宣德門外，以正欺君謾天之罪。……（卷十一）

按：清波雜志此節所云，僅言及繪流民圖與永洛失陷等事，並請開倉賑糧等，乃作邊檄夜傳入禁中。本節共九百餘言，亦未提及荊公隻字。然言及神宗下詔，司馬光依詔稟奏攻訐新法等。茲將本節尾段錄於后：

……詔曰：『朕於致治政失厥中，自冬汔春，愆陽爲沴四海之內，被災者廣。意朕之聽納不得於理歟？獄訟非其情，賦斂失其節。忠謀讜言鬱於上聞，而阿諛壅敝以成其私者眾歟？中外臣僚，直言闕政。』文維（韓維）所草也。初司馬光自判西京，留臺以歸，絕口不論時事。至是讀詔泣下，乃復陳六事：一青苗、二免役、三市易、四邊事、五保甲、六水利云。

至於荊公致相返回江寧，心情平靜，澹泊自守。神宗不時以黃金二百兩重賜之，君臣之間，情誼依舊。新法並未因荊公辭相而罷革或變更之，且施行不輟，直至神宗晏駕而罷革之。其中原委，令人費解。苟如評傳第十六、十七章云：荊公因阻撓及破壞者衆，而萌退意，辭相離去，此又與荊公秉性不符，荊公勇于任事負責。且神宗對荊公寵信有餘。君臣二人，何致於此，不歡而散之理乎？綜合上情，均非荊公辭相之理，其中原委，頗難探悉之。若以明代陳邦瞻之宋史記事本末記載，滿朝舊臣無不掣肘，攻訐新法，茲將「王安石變法」一章中分摘於后：

宋史記事本末：……熙寧二年丁巳罷御史中丞呂誨。王安石既執政，士大夫多以爲得人。呂誨獨言其不通時事，大用之則非所宜。將入對，學士司馬光亦將詣經筵，相遇並行。光密問今日所言何事。誨曰：袖中彈文，乃新參也。光愕然曰：衆喜得人，柰何論之。誨曰：君實亦爲是言邪！安石雖有時名，然好執偏見，輕言姦回，喜人佞己。聽其言則美，施於用則疏。置諸宰輔，天下必受其禍。……　同年八月罷知諫院范純仁。純仁奏言。王安石變祖宗法度，掊克財利，民心不寧。……　同月罷劉述等六人。述率侍御史劉琦、錢顗共上疏曰：安石執政以來，未逾數月，中外囂然。……同月罷條例司簡詳文字蘇轍。轍與呂惠卿不合，以書抵王安石，力陳其不可。……

冬十月富弼罷。時王安石用事，不與富弼合，弼度不能爭，多稱疾求退，章數十上。帝曰：卿即去，誰可代卿。弼薦文彥博，帝默然，良久曰：王安石如何？弼亦默然。遂出判亳州。…… 三年二月，以司馬光爲樞密副使，固辭不拜。光辭曰：陛下所以用臣，蓋其狂直，庶有補於國家。若徒以祿位榮之，而不取其言，是以天官私非其人也。臣徒以祿位自榮，而不能救生民之患，是盜竊名器，以私其身也。陛下誠能罷制置條例司，追還提舉官，不行青苗助役法，雖不用臣，臣受賜多矣。…… 同年二月河北安撫司韓琦，以論青苗不見聽。上疏請解河北安撫使，止領大名府路，從之。……同年四月監察御史程頤等上疏曰：臣近累上言乞罷預俵青苗錢利息，及汰去提舉官，朝夕以覬，未蒙施行。臣竊聞明者見於未形，智者防以未亂。況今日事理，顯白易知。若不因機亟決，持之愈堅，必有後悔。悔而後改，則爲害已多。…… 同年四月貶御史中丞呂公著。時青苗法行，公著上疏曰：自古有爲之君，未有失人心而能圖治，未有脅之以威，勝之以辯，而能得人心者也。…… 同月罷監察御史史裡行、程顥、張戩、右正言李常，時程顥上疏。言臣聞天下之理，本諸簡易而行之以順道，則事無不成。……蓋自古興治，雖有專任獨決能就事功者，未聞輔弼大臣，人各有心，睽戾不一。致國政異出，名分不正。中外人情，交謂不可，而能有爲者也。……

九

月司馬光知永興軍。…… 冬十月翰林學士范鎮乞致仕，許之。鎮上書言：臣言不用，無顏復立於朝，請謝事。復極論青苗之害。…… 四年四月以司馬光判西京留臺，……光上疏曰：臣之不才，最出群臣之下。先見不如呂誨，公直不如范純仁、程顥，敢言不如蘇軾、孔文仲，勇決不如范鎮。今陛下惟王安石是信，附之者謂之忠良，攻之者謂之讒慝。臣今日所言，陛下之所謂讒慝者也。若臣罪與范鎮同，即乞依鎮例致仕。若重於鎮，或竄或誅，所不敢逃。久之，從其所請。光既歸洛，自是絕口不復論事。…… 五年正月富弼致仕。弼至汝州兩月，即上言：新法臣所不曉，不可以治郡。願歸洛養疾，許之。…… 六年四月文彥博罷。彥博久居樞密，以王安石多變舊典，言於帝曰：朝廷行事，務合人心。宜採眾論。以靜重為先，陛下勵精圖治，而人心未安，蓋更張之過也。……（卷三十七王安石變法）

荊公於熙寧五年既已辭相，神宗未許。宋史記事本末亦記之，足見當時舊臣極為掣肘，非欲荊公去之而後快也。復因新法朝中執行者，未克全責，各地州縣官吏均陽奉陰違，因循敷衍，難有成效。再因神宗懦弱，息事寧人。如司馬光如此囂張，若殺一自可有儆猴之效，惜神宗卻未能矣。荊公於此背腹受敵，雄志難展，徒呼奈何，乃萌去意。七年神宗格以慈聖曹后臨終懿旨，荊公又再三堅辭，神宗因其辭意甚堅而許之，乃以文觀殿大學士知江寧府。此亦難言係荊公辭相之主要原因，因與荊公之秉性頗不相同，且陳氏所編宋史記事本末，純依宋史而編之，其正確程度，可信乎？孰不可信乎？難言也！

話本小說　南宋話本小說「拗相公」，爲中篇不分段章小說，撰者佚名。此冊小說對荊公極盡誹謗之能事，對王雱亦復如是。對荊公之誹謗毫不避諱，公然指名而侮辱之，於敘論後即開門見山詆毀，特錄於后：

如今說先朝一個宰相，他在下位之時，也著實有名有譽的；後來大權在手，任性胡爲，做錯了事，惹得萬口唾罵，飲恨而終。……那位宰相是誰？在那個朝代？這朝代不近不遠，是北宋神宗皇帝年間，一個宰相，姓王，名安石，臨川人也。……時揚州太守乃韓魏公名琦者，見安石頭面垢汗，知未盥漱，疑其夜飲，勸其勤學。安石謝教，絕不分辨。後韓魏公察聽其徹夜讀書，心甚異之。……

一日，愛子王雱病疽而死，……齋醮已完，漏下四鼓，荊公焚香送佛，忽然昏倒於拜氈之上，左右喚之不醒。到五更，如夢初醒，口中道：詫異！詫異！左右扶進中門。吳夫人命丫環接入內寢，問其緣故。荊公眼中垂淚道：適纔昏憒之時。恍恍忽忽到一個去處，如大官府之狀，府門尚閉；見吾兒王雱荷巨枷，約重百斤，力殊不勝，蓬頭垢面，流血滿體，立於門外。對我訴其苦道：陰司以見兒父久居高位，不思行善，專一任性執拗，行青苗等新法，蠹國害民，怨氣騰天。兒不幸陽祿先盡，受罪極重，非齋醮可言。父親宜及早回頭，休得貪戀富貴！說猶未畢，府中開門吆喝，驚醒回來。夫人道：寧可信其有，不可信其無。妾熟聞外面人言籍籍，歸怨相公。相公何不急流勇退，早去一日，也省了一日咒詈。荊公從夫人之言，一連十來道表章，告病辭職。

……

先朝英宗皇帝時，有一高士；姓邵，名雍，字堯夫。精於數學，通天徹地。自名其居爲「安樂窩」。常與客遊洛陽天津橋上，聞杜宇之聲，歎曰：「天下從此亂矣」。客問其故，堯夫答曰：天下將治，地氣自北而南；天下將亂，地氣自南而北。洛陽舊無杜宇，今忽有之，乃地氣自南而北之徵。不久天子必用南人爲相，變亂祖宗法度，終宋世不得太平。這個兆，正應在王安石身上。

以上僅錄書前部分而已，全篇無不如此，並有過之。結尾輒誣荊公嘔血謝世，而爲唐坰嘔血而亡之報應。復言：「至今世間人家，多呼豬爲拗相公者」。借此以將靖康之禍，而委之于荊公。惟其中數段文字頗有蹊蹺，皆出自元祐黨人之撰述。實堪討論之。茲錄於下：

聞見錄：（宋·邵伯溫撰）韓魏公自樞密副使，以資政殿學士知揚州。荊公初及第爲僉判，每讀書至達旦，略假寐日已高，急上府，多不及盥漱。魏公見荊公年少，疑爲夜飲放逸。一日從容謂荊公曰：君少年，無廢書，不可自棄。荊公不答，退而言曰。韓公非知我者。……故荊公熙寧日錄中短魏公爲多。……（卷九）

聞見錄：祖宗開國皆用北人。太祖刻石禁中曰：後世子孫無用南士作相內臣主兵。至眞宗朝，始用閩人，其刻字不存矣。……（卷一）

聞見錄：……祖宗之制，宰相之子無帶職者，神宗特命雱爲從官，然雱已病不能朝矣。荊公罷相哀悼不忘。……荊公在鍾山，嘗恍惚見雱荷鐵枷杻如重囚。荊公遂施半畝園宅爲寺以薦其福。……（卷十一）

五朝名臣言行錄外集邵雍傳：（宋·朱熹撰）康節於治平間與客散步天津橋上，聞杜鵑聲，慘然不樂。客問其故。則曰：洛陽舊無杜鵑，今始至有所主。客曰：何也？先生曰：不二年，上用南士爲相，多引南人，專務變更，天下自此多事矣！天下將治，地積自北而南；將亂，自南而北，今南方地積至矣。

綜上觀之，拗相公一書出自元祐黨人之手筆，絕無疑問。撰者是佚名抑是匿名？則不言而喻矣。雖不能推定爲朱熹所撰，撰者與朱熹非親即故，有不可分離之關係。在元祐年間，元祐黨人雖有洛黨、蜀黨、朔黨之分，而程頤與邵伯溫同隸洛黨，相互推崇表揚，沆瀣一氣。至南宋後，邵博因程頤門人尊程而貶邵雍，不滿而排程頤等。程頤門人未嘗不以拗相公一書。假邵伯溫贋作「辨姦論」之故技，以其人之道還其人之身。而僞託邵雍之言，以及邵伯溫之聞見錄，而將邵氏父子扯入是非圈中。況朱熹于朱子語類卷一百二十九至一百三十二中，除詆諆荊公外，並大肆詆毀等蜀黨朔黨，邵雍外傳未嘗不是朱熹習邵伯溫之故技又一傑作耳。宋史邵雍本傳並未有此段記載，僅言及邵雍精於物理性命之學。其云：『雍探賾索隱，妙悟神契，洞微蘊奧，汪洋浩博多其所自得。』（宋史卷四百二十七，列傳第一百八十六）。「拗相公」一書爲民間話本通俗小說，除閱讀外並作街坊說書之用，足以詆諆荊公，並可印證朱熹之五朝名臣言行錄所錄為眞實耳，誤導後人不信荊公不姦矣！一代碩儒宗師如此行徑，令人歎息之。

按：楊蔭深先生於民國二十五年所編「中國文學家列傳」記載，邵雍生於公元一零一一年，歿於一零七七年。而朱熹生於公元一一三零年，歿於一二零零年。其中相距五十三年，試問邵雍於洛陽橋上與客人所言，朱熹如何知悉，不無疑問。況朱熹於高宗紹興十八年中進士，後主泉州南安，是否曾至洛陽，尚需考證。橋上之語，實難予令人置信之。

世評溫公　司馬光與荊公不睦，與新法不容抑或對荊公不容，因事而人抑或因人而事，遽難定論。荊公於新法實行時，無不處處掣肘，無不處處反對。其中原委，雖已千年以來，歷代亦未有對此有所公論。司馬光雖非元祐黨人，因於元祐元年九月即予謝世，元祐黨人卻將司馬光奉為鼻祖。宋自南渡以後，元祐黨人得勢，每事無不褒溫公而貶荊公，故鮮有文字而貶司馬光矣！茲將現存各籍典中對司馬光之疵議試錄於后：

甘露園長書四論　（明・陳汝錡撰，或言萬曆貢生，前第十一已略加述之。）其對荊公及司馬光各論二篇。特摘錄於后：

王安石論一：介甫以新法負謗於當時，貽指摘於後世，善狀不彰，而惡聲之嘈嘈耳。此古今一大冤案，卒未有開而赦之者，何也。今姑無論其立法之是非，與閭閻之利病，試就攻介甫之人而反覆其議論，有以見攻之者之好勝而不情，而曲不在介甫也。熙寧新法，所稱爲民最害者，莫如之免役青苗。而斷新法立赤幟而攻之者，在當時莫如蘇子瞻、范堯夫，而在後莫如朱元晦。子瞻論免役之害，謂役人必差用鄉户，如衣之必用絲麻，食之必用五穀，不得以他物代換。及君實復議差役，又極言役可雇不可差。……周茂叔（敦頤字，宋代理學鼻祖，二程皆爲其門生，著有太極圖說及通書。卒謚元公，晚居濂溪，世稱濂溪先生。）不嘗喜好介甫與語連日夜乎，不娓娓頌熙寧新政之美乎。以茂叔所嘉而樂頌者，而流俗嘵嘵不休，後之人又從而吠聲也。嘻甚哉！原介甫所以負當時謗而貽後世指摘不解者，一則峻逐言者以期於法之必行，而爲士大夫所不喜。一則更無張序，講非常於旦夕之間。以與愚民慮始，紛紛而爲閭里市井所驚疑，重以用事諸臣，推行大過，浸違初旨者，比比皆是。此則介甫所不得不任其咎者，而法無恙矣。奈之何咎介甫，而遷怒介甫之法哉。豈惟遷怒於其法，且併遷怒於其所與之人，而俾之無所容於天地。……

王安石論二：楊中立（時）當靖康初，論蔡京以繼述神宗爲名，實挾安石以圖身利，故推尊加王配享孔廟。今日之事，雖成於蔡京，實釀於安石。此語既倡，口實翩翩，以熙寧爲禍敗靖康之始基，以安石爲鼓舞蔡京之前茅，不惟下誣安石，抑以上累神考。……然何者爲熙寧之政，凡京所交結。如内侍則童貫、李彥、梁師成，佞倖則沖勔父子，執政王黼、白時中、李邦彥輩，挑釁召亂非一人。然則何者爲熙寧之人？雖京弟卞館甥介甫，而京不以卞故受知介甫用事於熙寧元豐之間也。何與介甫事，而以爲致有今日之禍者王安石乎！推尊配享，特借此爲欺君盜寵之地，而庶幾彌縫其不肖之心耳。……金虜一訌，陷朔代，圍太原，下燕薊，直搗汴京，有南朝無人之歎。而太后手詔，亦有人不知兵之恨。使保甲不廢，則訓練以時。韜鈐日熟，家有干櫓。而人人皆敵愾，縱胡馬南嘶，亦何掉臂行數千里，無一城一壘攖其鋒者，而又何至紛紛召集，下哀痛勤王之詔哉。故吾以爲編保甲習民兵，已逆知他日必有靖康也。……

司馬光論一：靖康之禍，論者謂始於介甫，吾以爲始於君實。非君實能禍靖康，而激靖康之禍者君實也。夫新法非漫然而始嘗試之者，每一法立，其君其相，往復商訂。如家人朋友相辨析，積歲彌月，乃始布爲令也。而神宗又非生長深宮，懵於閭里休戚之故者，推利而計害，原始而究終。法未布於方內，而情僞已瞭徹胸中如列眉。故雖以太后之尊，岐王之戚，上自執政，下迨監門，競苦口焉而不爲中止。雖其間奉行過當，容有利興害鄰而實與名戾者。要在因其舊以圖其新，救其疵以成其美。使下不厲民，而上不失先帝遺意。斯宵小無所乘其間，而報復之過無從起矣。安在悻悻自用，盡反前轍。前以太后諸人爭之而不能得之於神宗者，今以范蘇諸人爭之而不能得之於君實，一有逢己之蔡京則喜爲奉法。蓋先帝肉未冷，而諸法破壞盡矣。是欲以臣而勝君，而謀之數十年者可廢之一朝也。是謂己之識慮爲能賢於先帝，而昔以爲良政，今以爲秕政也，不太橫乎！……安石免相居金陵八年，新法之行如故也。安石建之，能使神宗終身守之而不與手實鬻祠俱報乎。且元祐之劃除更張無子遺，而所云百世不可變者安在乎？吾恐先帝有靈，目不能一日瞑於地下也。又云太皇太后以母改子，非以子改父，夫一切因革，所爲告之宗廟，頒而播之天下臣民者，吾君之子，不曰吾君之母也。君母可以廢閣先帝行事，是呂后之所以滅劉，而武后之所以篡唐爲周也。人臣而可挾母后之權，弁髦其主。是徐紘、鄭儼、李神軌之共相表裡而勢傾中外也。尚可訓乎！況元祐之初，嗣君已十餘齡矣。非遺腹襁褓而君者，朝廷進止，但取決於宣仁，而嗣君無與焉。雖嗣君有問而大臣無對，此何禮也。……

司馬光論二：然則史何以是君實而非介甫，豈是與非皆兒戲，不足爲明徵考信之地耶！曰：史何可廢也。惟是熙豐元祐之史，則不幸而近於兒戲。夫史，公平也。定論也。評不公爲曲筆，論之不定則毀譽以愛憎，而讀者無所適從。……神宗實錄，始之以范祖禹；而終之以范沖。祖禹君實之門人也，君實與介甫爲水火，而史作於其門人之手，有不舉之使升天按之使入泥者乎。於是有蔡卞之芟改，有陸佃之重修。不旋踵而范沖之朱墨史行矣，而范沖又祖禹之子也。祖禹坐詆介甫獲罪死，而史復竄易於其子之手，重天語之叮嚀，有不修父之怨，詆益深而益巧者乎。一介甫一君實，前是之而後非之，甲非之而乙是之，以此定論，論定乎？評且公且私乎！曾公亮謂上與介甫如一人，神宗亦謂自古君臣如朕與安石相知絕少，而范氏父子皆儘書安石之過以明神宗之聖，夫既君臣相知如一人矣。則有唱必和，既都且俞，神宗雖聖，安石得取分焉。而過安石，亦所以過神宗矣。又何必揚休美，而聚諸不美之談，斂之此一人之身也。哲徽二宗，非神宗之子，哲宗謂祖禹錄神宗事非實，而刊定之以金陵日錄。徽宗當失國播遷之餘，聞有攜日錄來者，亟輟衣鬻而視之，是二君終不以安石爲過也。知變法實先帝本意，而過不在安石也。先帝不以爲過。先帝之二子不以爲過，而秉筆者務索其瘢而求其疵，不少貸，何意哉！況蔡史之專是介甫，與范史之專是君實等耳。是介甫者有所私，不得稱信史，是君實者獨無所私，一一皆實錄乎。使范史可信，則蔡史亦可信，又何所據？而此之信彼之疑也。……建炎紹興之政羞稱也，故尊元祐而黜熙豐，熙豐黜而日錄黜矣。若之何其行之矣。

通鑑長編：前史中丞黃履言：前宰相司馬光昨自先帝拔識，進位朝廷，光以不用其，請歸修史。先帝盛德優容，曲從其欲。書成仍以資政殿學士榮之，其恩可謂厚矣。迨垂簾初，朝廷啓光執政。當時士論翕然稱之，以謂光眞能弼成盛德，上報先帝。不謂光深藏禍戾，追忿前朝，凡有所行，皆爲非是。夫法令因革，因緣時宜。豈有一代憲章，俱無可取。歸非於昔，斂譽一身，此而可容，孰爲咎者。（同下註）

又：監察御史周秩言：司馬光以元祐之政，以母改子，非子改父。夫宗廟之計，朝廷之政，必正君臣之義，以定父子之親。豈有廢君臣之道，而專以母子而言。（以上兩節卷一百一）　註：母改子，子改父；係謂宣仁高后罷革其子神宗新政，非哲宗擅改其父神宗之政也。

通鑑長論紀事本末：元祐二年六月甲申，彭汝礪言（時爲起居舍人）：政無彼此之辨，歸於是而已。今之所更大者，取士及差役法，行之士民皆有流言，未見其可也。（彭任隔時，有問新舊之政而言之。）

又：同年七月甲寅權開封府推官張商英上書言：三年無改於父之道，今先帝陵土未乾，奈何便議更變。（宋人楊希閔評曰：此二人皆是據事理而言，並非袒護王安石，可知司馬公當日，實有客氣勝心，不協輿情者矣。）（以上兩節均爲卷九十四）

又：元祐元年初，范純仁自慶州召入。純仁素與司馬光親厚，聞光議復行差役法。純仁曰：法固不便，然亦不可暴革，蓋治道惟去太甚者耳。又況法度乃有司平之之事，所謂宰相當爲搜求賢才，旁列庶位，則法度雖有不便於民者，亦無所患。苟不得人，則雖付於良法，失先後施行之次，亦足爲病矣。光弗聽。純仁歎曰：是又一王介甫矣。……（希閔評曰：范公言如此懇至，司馬光大賢，乃亦不聽。然則人之苛責介甫者，亦已甚矣。）

又：三年二月翰林學士蘇軾言：臣聞差役之法，天下以爲未便，獨臺官數人主其議，以爲不可改。磨厲四顧，以待言者，故人畏之而不敢發耳。又曰：臣每見呂公著、安燾、呂大防、范純仁皆言差役不便。但爲已行之令，不欲輕變。又曰：昔人雇役，中等人役，歲出役錢幾何？今者差役，歲費錢幾何？以此計算，利害灼然。而況農民在

官，貪吏狡胥，百端蠹食，比之雇役，苦樂十倍。……（以上二節通鑑長編紀事本末卷一百零八）

續資治通鑑：蘇轍徙知袁州，責詞有云：垂簾之初，老奸擅國，置在言路，使詆先朝。反以君父爲讎，無復臣子之義。中書舍人林希詞曰：老奸蓋陰指宣仁。（希閔評曰：老姦指司馬光，非斥宣仁。續通鑑說誤。斥王安石，即詆先朝，此言可證。至言以君父爲讎，無臣子之義，諸君何至如此，然氣質用事。…… 宋史卷三百三十九，雖有記載貶袁州，未如其詳。）（卷八十三）

又：蘇軾言於司馬光曰：差役、免役，利害輕重略等。光曰：於君何如。軾曰：法相因，則事易成。事有漸，則民不驚。……今免役之法，實類是。公欲驟罷免役，而行差役，正如罷長征而復民兵，蓋未易也。光不以爲然。光知免役之害，而不知其利。軾獨以實告。而公不悅。軾又陳於政事堂，光色忿然。軾曰：昔韓魏公刺陝西義勇，公爲諫官，爭之甚力，韓公不樂，公亦不顧，軾嘗聞公道其詳。豈公今日作相，不許軾盡言耶？光笑而納之。 范純仁與光素厚，謂光曰：治道去其太甚者可也。差役一事，尤當熟講而緩行。（中略，前節長編已錄。）光不從，持之益堅。純仁歎曰：以是使人不得言爾。若欲媚公爲容悅，何如少年合安石以速富貴哉。（希閔評曰：蘇范二公言；明切之至亦平日所厚善者，溫公卒不從。……皆鍼砭溫公行政之病，人謂安石執拗今視溫公又何如哉。）（卷七十九）

朱子語類：王荆公遇神宗，可謂千載一時，惜乎！渠學術不是，直壞倒恁地。……問溫公所作如何，曰：渠亦只見荆公不是，便一邊倒。如東坡當初議論，亦要變法，後來皆改了。……（希閔評曰：溫公便倒一邊，甚爲至論。……則可知元祐以母改子之說，直懟君上太甚，必有紹述之禍也，然皆無與於荊公。）

又：溫公忠直，而於事不甚通曉。如爭役法，七八年間直是爭此一事。他只說不合令民出錢，其實民自便之，此是有甚大事，卻如此捨命爭之。（以上兩節卷一百三十）

蘇軾於司馬光行狀爲宣仁皇后之舉，特爲司馬光辯之曰：二聖嗣位，民日夜引領以觀新政。而進說者，以爲三年無改於父之道，欲稍損其甚者，毛舉數事以塞人言。公慨然爭之曰：先帝之法其善者，雖百世不可變也。若安石、惠卿等所建爲天下害，非先帝本意者，改之當如救焚拯溺，猶恐不及。太皇太后以母改子非子改父，衆議乃定公以爲治亂之機，在於用人，正邪一分，則消長之勢自定。等云。

梁任公於評傳第十一章，省兵一節中亦言：溫公此論，殆爲當時反對黨之代表也。（前文第十：熙寧新法與梁啓超先生一節已述之。）司馬光恐非於新法政策意見之爭，而爲反對黨之代表也。蘇軾之司馬光行狀中有云：『神宗即位，首擢公爲翰林學士。公力辭不許，上面諭公，古之君子，或而不文，或文而不學，惟董仲舒、楊雄兼之。卿有文學何詞，公曰：臣不能爲四六。上曰：如兩漢制詔可也。公曰：本朝故事不可。上曰：卿能舉進士，取高等，而云不能進士何也。公趨出，上遣內臣至閤門，彊公受告，拜而不受，趣公入謝曰：上坐以待公。公入至廷中，以告置公懷中，不得已乃受。遂爲御史中丞』。苟如此節之言：司馬光先受寵於神宗，而未能受神之重用。神宗卻倚重荊公作新法改革，司馬光以致心懷忿懣，肆意攻訐新法，竭力詆詖荊公。待宣仁皇太后詔入爲相，一朝得權，徹底罷革新法，以平心中之恨耳！實乃小人氣度也！

細說蘇軾　南渡以後，元祐黨人對其讚譽倍至。既諱其名，復避其字「子瞻」，改稱之爲「東坡」。凡諸南宋之稗史雜記無不如此稱之。然其學識固足推崇，而其品德未必無瑕（本文第七節荊公修爲已略述之。）至於其性格，頗有爭議之點，似有反覆不定恣意而爲之態。對人對事，亦復如是。試述於后。

荊公稱蘇軾「人之龍也」，然蘇軾稱荊公爲「野狐精也」。其轉汝州團練副使過金陵時，與荊公之相聚甚歡，並次韻荊公四絕。茲錄之：

青李扶疏禽自來，清眞逸少手親栽。深紅淺紫從爭發，雪白鵝黃也鬥開。

斫竹穿花破綠苔，小詩端爲覓榿栽。細看造物初無物，春到江南花自開。

騎驢渺渺入荒陂，想見先生未病時。勸我試求三畝宅，從公已覺十年遲。

甲第非眞有，閑花亦偶栽。聊爲清淨供，鄰對道人開。

（此首後註　荊公病後，捨宅作寺。　東坡集卷十四）

荊公原作：池上看金沙花數枝過酴醾架盛開二首。

酴醾一架誰先來，夾水金沙次第栽。濃綠扶疏雲對起，醉紅撩亂雪爭開。

午陰寬占一方苔，映水前年坐看栽。紅蕊似嫌塵污染，青條飛來別枝開。

北山輸綠漲橫陂，直壍回塘灩灩時。細數落花因坐久，緩尋芳草得歸遲。

北 山

池上看金沙花數枝過酴醾盛開

故作酴醾架，金沙祗謾栽。似矜顏色好，飛度雪前開。

（臨川全集　卷二十六、二十八）

依蘇軾第三首論之，其於團練副使，極不得意。故對荊公辭相遯居金陵，生仰慕崇敬之意。並生返璞歸眞之心，悔遲十年。第四首更敬佩荊公品德高尚，捨宅作寺，特予後註之。除此四首外，於卷十六中又和荊公二首。其題曰：西太一宮見王荊公舊詩，偶次韻二首，皆爲六言。

秋到川原淨麗，雨餘風日清酣。從此歸耕劍外，何人送我池南。
但有樽中若下，何須墓上征西。聞道烏衣巷口，而今煙草淒迷。

荊公原作：題西太一宮二首

柳葉鳴蜩綠暗，荷花落日紅酣。三十六陂流水，白頭想見江南。

三十六年此路，父兄持我東西。佚日重來白首，欲尋陳跡都迷。

（臨川全集　卷二十六）

若依荊公之作，乃爲吟風詠月紓情之作。依蘇軾次韻荊公之詩而論之，乃有感而發之。其對荊公之情，不爲不厚矣。其對荊公之交，不爲不深矣。彼此相聚甚歡，應是情深誼厚，未有利害之。然蘇軾常揑撰文字，卻對荊公攻訐詆誣，則不遺餘力。不知何故。依何氏語林所載：『蘇軾於西太乙見此兩首六言詩後，詈荊公爲「野狐精也」』。其和二首，是仰慕抑是妒嫉？（詳第七：荊公修爲）。然爲秦觀詩文而上荊公書，文詞又極爲恭謙禮讓，態度誠懇。若如其在東坡志林中之云，則又反覆。茲均錄於后：

某頓首再拜：特進大觀文相公執事，近者經由屢獲請見，存撫教誨，恩意甚厚。別來切計，台候萬福。某始欲買田金陵，庶幾得陪杖履，老於鍾山之下。既已不遂，今來儀眞，又二十餘日，日日以求田爲事，然成否未可知也。若幸有成，扁舟往來見公不難矣。向屢言高郵進士秦觀，太虛公亦粗知其人，今得其詩文數十首，拜呈：詞格高下，固已無逃於左右，獨其行義，飭脩才敏過人，有志於忠義者，其請以身任之。此外博綜史傳，通曉佛書，講集醫藥，明練法律，若此類未一一數也。才難之歎，古今共之。如覯之輩，實不易得。願公少借齒牙，使增重於世，其他無所望也。秋氣日佳，微疾想已失去，伏冀順時，候爲國自重。（東坡續集卷十一）

東坡志林：王介甫先封舒公，後改封荆。詩曰：戎狄是膺，荆舒是懲。識者謂宰相不學之過也。

又：王介甫多思而喜鑿，時出一新說，已而悟其非也。則又出一說以解之，是以其學多說。常與劉貢父食，輟著而問曰：孔子不撤薑食，何也。貢父曰：本草生薑多食損智，道非明，民將以愚之。孔子以道教人者也，故不撤薑食，所以愚之也。介甫欣然而笑，久之乃悟其戲己也。貢父雖戲言，然王氏之學，實大類此。庚辰三月十一日食薑粥甚美，歎曰：無怪吾愚，吾食薑多矣。因并貢父言記之，以爲後世君子一笑。

（以上二則均卷五。仇林筆記卷上亦錄之，一字不差。）

此乃元祐年間其黨人以假劉貢父之名，而揑詞惡詆荆公而已。南宋時陳師道之後山談叢，蘇籀之欒城遺言。邵博之聞見後錄等等，元祐黨徒皆師蘇軾之東坡志林故智而已。總不如蘇軾於司馬光行狀中，對荊公之人身攻訐爲劇。年譜考略所云：蘇子瞻作溫公行狀，至九千四百餘言，而詆荊公者居其半，無論古今無此體，子瞻安得有如此之文耶！（攻訐文字以攻訐新法爲最，詆詖荊公亦復匪鮮也。）茲將行狀中詆詖荊公者，略錄之於后：

……王安石始爲政，創立制置三司條例司，建爲青苗、助役、水利、均輸之政，置提舉官四十餘員，行其法於天下，謂之新法。公（司馬光）上疏逆陳其利害，日後當如是，行之十餘年，無一不如公言者。天下傳誦，以公爲眞宰相。雖田父野老，皆號司馬相公。而婦人孺子知其爲君實也。……

……青苗之害，上感悟欲罷其法，安石稱疾求去。會拜公樞密副使，公上章力詞至六七。曰：上誠能罷制置條例司，追還提舉官，不行青苗助役等法。雖不用臣，臣受賜多矣。……

……熙寧七年，上以天下旱蝗詔求直言。公讀詔泣下，欲默不忍。乃復陳六事：一青苗、二免役、三市易、四邊事、五保甲、六水利，此尤民者宜先罷。又以書責宰相。

……

……初神宗皇帝以英偉絕人之資，勵精求治。凜凜乎漢宣宗、唐太宗之上矣。而宰相王安石用心過當，急於功利。小人得乘間而入，呂惠卿之流，以此得志。……先帝明聖，獨覺其非。出安石金陵，天下欣然，意法必變。雖安石亦自悔恨其去，而不復用也。欲稍自改，而惠卿之流，恐法變身危，持之不肯改。然先帝（神宗）終疑之，遂退安石八年不復召。而惠卿亦再逐不用。元豐之末，天下多故。……

蘇軾本傳：……軾見安石贊神宗以獨斷專任，因試進士發策，以晉武平吳，以專任而克。苻堅伐晉，以專任而亡。齊桓專管仲而霸，燕噲專任子之而敗。事同而功異爲問。安石滋怒，使御史謝景溫論奏其過，窮治無所得，軾遂請外通判杭州。……（宋史卷三百三十八）

聞見錄：王介甫與蘇子瞻初無隙，呂惠卿忌子瞻才高輒間之。神宗欲以子瞻爲同修起居注，介甫難之。又意子瞻文士不曉吏事，故用爲開封府推官以困之。子瞻益論事無諱，擬廷試策獻萬言書，論時政甚危。介甫滋不悅子瞻，子瞻外補官。中丞李定，介甫客也。定不服母喪，子瞻以爲不孝惡之。定以爲恨，劾子瞻作詩謗訕，子瞻自知湖

州下御史獄，欲殺之。神宗終不忍，貶散黃州安置，移汝州過金陵見介甫甚歡。……（卷十二）

聞見錄：蘇內翰子瞻詩云：「感君離合我酸心，此事今無古或聞」。王荊公薦李定為臺官，定嘗不持母服，臺諫給舍俱論其不孝不可用。內翰因壽昌作詩貶定，故曰：「此事今無古或聞」。後定為御史中丞言：內翰作此詩貶上，自知湖州赴詔獄，小人必殺之。……卒赦之。止以團練副使安置黃州。（卷十三）

荊公罷相為熙寧九年十月，蘇軾於湖州下獄為元豐二年七月，兩事相距整三年矣。不論御史謝景溫或中丞李定。荊公已不在朝，何有權指使之。且宋史自仁宗天聖年起以至南渡，無不鈔自元祐年間之稗史雜記，而論人、論時、論事均不吻合。與荊公何涉，令人難予置信之。（有關蘇軾下獄一節。繼而研討之。）

蘇軾為人，頗難理解，反反覆覆，似無恆心。與荊公相聚甚歡，吟詩和唱。而背後卻捏撰文字，詆詖荊公。如上述行狀中文字，諸多記載與史實不符。另有關新法部分更不在言下。行狀後半篇，幾乎無不在攻訐新法及呂惠卿等人。論其學養道德何至於此，令人不解耳！其對荊公如此，姑且不論。其對司馬光亦復如是，司馬光可謂元祐黨人之鼻祖。在熙豐之時，雖未同居洛陽，然對新法，卻聲息以共。同聲攻訐新法，詆詖荊公。而元祐元年司馬光爲相，對差役法一事亦然大肆評訐之。其對荊公之免役法先予攻擊，復又對司馬光復差役法再予反對，而折回贊同免役法，此項作爲，令人不能解之。再與程頤同爲元祐黨人，沆瀣一氣，一致攻擊新法，誣巇荊公。又爲司馬光之喪，大殮出殯，而成水火，釀成元祐黨人分裂，而有洛黨、蜀黨、朔黨之分，此乃蘇軾一生之傑作也。史稱其不容君王，如此能容於何人歟？澗泉日記對其亦有評言。雖非完全正確，但尙中肯。茲錄於后：

澗泉日記：（宋·韓淲撰）本朝慶歷間諸公，韓魏公、富鄭公、歐陽公、尹舍人、孫先生、石徂徠雖有憤世疾邪之心，亦皆學道有所見，有所守。下至王介甫、王深甫、曾子固、王逢原猶守道論學。至東坡諸人，便只有憤世疾邪之心，議論利害是非而已。伊川諸儒復專以微言詔世，天下學者，始各有所偏。渡江六十年，此意猶未復也。因借富公集謾記所歎于此。（卷中）

以上記而論，元祐「諸賢」學問蓋世，其道德則又何如？子曰：弟子入則孝，出則悌，謹而信，汎愛衆，而親仁。行有餘力，則以學文（學而）。是故君子，嚴以律己，寬以待人。蘇軾雖滿腹經綸，處世接物尚有所欠闕。豈可言不合於君主，實不合朝野耳。且其品德，頗受疵議，酗酒冶遊，毫無節制。是故史實對其毀譽俱半耳。既如其詞；世人譽之爲豪放派之祖。近人夏承燾之作詞法中云：大抵宋詞，自東坡以後，始與詩不分。東坡以作詩筆法作詞，實是功首罪魁。其功：在能放大詞之內容，無論何種情感，皆可入詞；其罪：在混合詩詞爲一，破壞詞體獨立的價値。以此而論，蘇軾性情肆意放縱，爲所欲爲，未能遵守禮儀規範也，一生顛沛流離亦受此害耳。咎由自取，何能怨天尤人，更何怨荊公之有矣！哀哉！

至於蘇軾下獄，左遷黃州團練副使一節，各史書均未有詳確交代。難知究竟歟？

蘇軾本傳：……知徐州，河決曹村。泛于梁山泊，溢于南清河，匯于城下。……雨日夜不止，城不沈者三版。軾廬於其上，過家不入。使官吏分堵，以守卒全其城。復請調來歲夫，增築故城爲木岸，以虞水之再至，朝廷從之。徙知湖州，上表以謝。又以事不便民者不敢言，以詩託諷，庶有補於國。御史李定、舒亶、何正言摭其表語，並媒蘖所爲詩以爲訕謗，逮赴臺獄，欲寘之死，鍛鍊久之不決。神宗獨憐之，以黃州團練副使安置。……（宋史卷三百三十八，列傳九十七）

蘇軾年譜：（宋·王宗稷編）元豐二年。……先生作子立墓誌云：子立、子敏皆從余學於吳興，學道日進，東南之士稱之。是歲言事者，以先生湖州到任謝表以爲謗。七月二十八日中使皇甫遵道湖州追攝。按子立墓誌云：予得罪於吳興。……十二月二十日聞太皇太后升遐，吏以某罪人，不許成服。欲哭則不可，欲泣則不敢。作挽詩二首，己而獄具，十二月二十九日謫授黃州團練副使方。……

李定本傳：……元豐初召拜寶文殿侍制，同知諫院進知制誥爲御史中丞。劾蘇軾湖州謝上表，摘其語以爲侮慢，因論軾自熙寧以來，作爲文章，怨謗君父。交通戚里，逮赴臺獄窮治，當會赦論不已，竄之黃州方定。……（宋史卷三百二十九，列傳八十八）

蘇軾下獄據本傳及年譜中並未道出原委，眞實原因，均無所見。本傳云：「以詩訕謗」。東坡七集之中共二千五百六十二首（東坡集共一千四百六十五首，後集共四百八十首，續集共六百十七首。餘四集無詩）。僅東坡集卷十中記有「罷徐州往南京寄子由五首」。五首之中亦僅第三首有四句稍有疑問外，餘爲景色記事而已，並無大礙。其四句爲「窮人命分惡，所向招災凶。水來非吾過，去亦非吾功。」依此四句而言，亦未犯諱蹈律歟？何致惹來牢獄之災歟？其餘各首詩中，均未能覓有冒瀆不恭之詩品，或被刪除。東坡集卷二中刊與李定詩一首，並無「此事今無古或聞」一句，餘則無之。其於續集卷二中有記慈聖光獻曹后什遐作赦詩。詩云：「烏知有赦鬧黃昏」。曹后本傳亦有於垂危時向神宗求情，赦免蘇軾一節。玆摘錄於后：

慈聖光獻曹后本傳：……蘇軾以詩得罪下御史獄，以爲必死。后違豫中聞之，謂帝曰：嘗仁宗以制科得軾兄弟；喜曰：吾爲子孫得兩宰相。今聞軾以作詩繫獄，得非讎人中傷之乎。据至於詩，其過微矣。吾疾勢已篤，不可以冤濫至傷中和，宜熟察之。帝涕泣，軾由此得免。……（宋史卷二百四十二后妃傳）

附　湖州謝上表：臣軾言，蒙恩就移，前件差遣。已於今月二十日到任上訖者，風俗阜安，在東南號爲無事。本朝廷所以優賢，顧惟何人，亦與玆選臣軾。伏念臣性資頑鄙，名跡堙微，議論闊疏，文學淺陋。凡人必有一得，而臣獨無寸長。荷先帝之誤，恩擢寘三館。蒙陛下之過，聽付以兩州。非不欲痛自激昂，少酬恩造。而才分所局，有過無功，法令具存，雖勤何補，罪固多矣，臣猶知之。夫何越次之外邦，更許借資而顯受。顧惟無狀，豈不知恩。此蓋伏遇皇帝陛下，天覆群生，海涵萬族。用人不求其備，嘉善而矜，不能知其愚。不適時難，以追陪新進察其老不生事，或能牧養小民。而臣頃在錢塘，樂其風土。魚鳥之性，既自得於江湖。亦安臣之教令。敢不奉法勤職，息訟平刑。上以廣朝廷之仁，下慰父老之望。臣無任。（東坡集　卷二十五）

國家圖書館出版品預行編目資料

王安石洗冤錄
／孫光浩著. --初版. --臺北市：
臺灣學生，民85
面； 公分
ISBN 957-15-0792-X (精裝)
ISBN 957-15-0793-8 (平裝)

1.（宋）王安石 - 傳記

782.8515 85011696

王安石洗冤錄（全一冊）

著作者：孫光浩
出版者：臺灣學生書局
發行人：丁文治
發行所：臺灣學生書局
臺北市和平東路一段一九八號
郵政劃撥帳號〇〇〇二四六六八號
電話：三六三四一五六
傳眞：三六三六三三四
本書局登記證字號：行政院新聞局局版臺業字第一一〇〇號
印刷所：常新印刷有限公司
地址：板橋市翠華街八巷一三號
電話：九五二四二一九
定價 精裝新台幣三七〇元
平裝新台幣三〇〇元
中華民國八十五年十一月初版

78243

ISBN 957-15-0792-X (精裝)
ISBN 957-15-0793-8 (平裝)